Global Business Etiquette

세계 비즈니스 에티켓

이준의 저

B (주)백산출판사

"태국에 가서는 아이의 머리를 함부로 만지지 마라." "중동 바이어를 접대할 때는 돼지고기를 주의해라."

서로 간의 차이를 존중하고 이해하는 것이 인간관계의 시작이며 기본 에티켓이라 할 수 있다. 과거 우리는 세계사를 단순하게 해당 국가에 대한 역사 정도만 배웠다면 이제는 각 국가 고유의 문화를 학습해야 한다. 더욱이 글로벌 비즈니스 시대에 살고 있는 우리는 다른 국가의 비즈니스 특성 또한 학습해야 한다. 현재 다수의 기업들이 해외진출이라는 절대 목표에 도달하기 위해 다양한 노력을 기울이고 있다. 이 책은 그에 적합한 글로벌 리더를 양성하기 위한 것이다. 여러 국가 중에서도 대한민국과 최소한의 교역이 있는 국가들로 정보를 조사했다.

미래의 글로벌 리더들에게 이 책을 선물한다.

저자 이준의

목차

세 계
비즈니스
에 티 켓

대한민국

Republic of Korea

대륙	인구	수도	통화
아시아 (Asia)	약 51,779,148명 (2017 기준)	서울 (Seoul)	원 (Won, ₩)

⊘ 주요 공휴일

• 신정(양력설, 1.1), 설날(음력설, 1.1), 추석, 삼일절(3.1), 광복절(8.15) 등

⊘ 종교 및 신앙

• 종교의 자유가 있는 국가이며 유교, 불교, 기독교 등이 주요 종교이다.
• 많은 사람들이 조상의 정신을 믿고 유교의식을 지킨다. 유교는 한국 문화에 널리 퍼져 있는 정치적, 사회적 철학과도 같다.

⊘ 문화 특성

• 역사가 깊은 민족으로 단일민족 구성이 높다는 점에서 문화적인 수

용성이 상대적으로 낮은 국가이다.

- 농경문화로 시작된 문화는 사교적이고 음악과 미술이 발달한 특징을 가지고 있다.
- 연령과 지위에 대한 존중은 한국문화에서 매우 중요시한다.
- 경제규모에 비해 정치, 빈부격차, 성차별 등이 개선되지 못해 사회적 갈등이 있다.
- 북한과 휴전 중이므로 항상 안보에 민감하다.
- 최근 몇 년간 서구문화의 영향으로 패스트푸드점과 커피전문점이 많이 생겼다.
- 인터넷 보급률이 높은 IT강국이다.

✅ 비즈니스 특성

- 비즈니스 목적으로 만나기를 원할 때는 최소 2주 전에 약속을 해야 한다.
- 한국인들은 처음 만나면 서로 명함을 주고받으며 소개하는 문화가 있다.
- 연령, 결혼여부, 출신 등에 관한 개인적인 질문이 있을 수 있다. 이러한 질문이 무례한 것으로 생각되지 않는 문화이며 이것이 하나의 신뢰감을 형성하는 과정이다.
- 비즈니스 관계가 매우 정확한 편이다.
- 기업들이 다양하게 존재하기보다 특정 기업에 대한 의존도가 지나치게 높은 편이다.
- 시간엄수는 존경의 표시이기 때문에 매우 중요하다. 늦어지면 반드시 미리 전화해야 한다.

- 한국에서 사업할 때 선물을 주고받는 것은 일반적이다.
- 한국 사람들에게 상업적 계약은 융통성이 필요하다고 여겨진다.
- 여성 고위 직급자의 비중이 높지 못하다.

✅ 인사 매너

- 명절이나 특정한 의식을 할 때 바닥에 손을 짚고 머리를 숙이는 절이라는 전통 인사방식이 있으나 비즈니스 관계에서는 사용되지 않는다.

✅ 식사 매너

- 한국문화에서 식사는 중요한 부분이며 사람과의 관계를 구축하는 데 사용된다.
- 모든 사람들이 착석할 때까지 식사는 진행되지 않으며 연장자의 식사로 식사가 시작된다.
- 한국인들은 일반적으로 식사하는 동안 음식에 집중하고 식사를 마친 후에는 대화하는 것을 선호한다.
- 코스요리라도 동일한 숟가락과 젓가락을 사용하며 음식을 남기지 않는 것이 매너다.
- 한국에서 주로 마시는 술은 '소주'로 첨잔은 하지 않으며 건배 시 어깨 높이 정도로 든다.

✅ 복장 매너

- 복장은 남성과 여성 모두 전통적이고 보수적인 편이다.
- 남성들은 비즈니스 시 어두운 계열의 정장과 흰 셔츠, 넥타이를 착용한다.

- 여성들은 비즈니스 시 스커트를 입고 민소매 혹은 노출이 과한 의상은 피해야 한다.
- 사계절이 있어 복장이 다양한 편이다.
- 전통 복장은 한복으로 색감이 뛰어난 것이 특징이다.

✅ 선물 매너

- 한국인은 선물을 주고받는 문화에 익숙하지만 청탁금지법이 있어 보통 5만 원 미만의 선물을 해야 한다.
- 선물을 받을 때는 양손으로 받고 선물받은 자리에서 풀어보지 않는 것이 원칙이다.
- 어두운 포장지, 특히 붉은색을 사용하지 말고 대신 밝은 노란색이나 녹색을 선택하라.
- 한국인들은 숫자 '4'를 싫어하니 선물할 때 주의한다.

✅ DO NOT

- 집에서 신발을 신은 채 출입하면 안 된다.
- 엄지손가락을 가운뎃손가락과 집게손가락 사이에 두는 제스처는 하지 마라.
- 붉은 잉크는 사용하지 않는 것이 좋다. 한국인에게 붉은색은 죽음을 상징한다.
- 한국인들은 숫자 '4'를 싫어하니 선물할 때 주의한다.
- 처음 만나는 사람들에게 지나치게 가까이 접근하지 말고 어느 정도 거리를 두고 인사하라.

아르헨티나
Argentina

대륙	인구	수도	통화
아메리카 (America)	약 44,293,293명 (2017 기준)	부에노스아이레스 (Buenos Aires)	페소 (Peso, $)

✅ 주요 공휴일

- 카니발 휴일(2.8~9), 혁명기념일(5.25), 독립기념일(7.8~9), 성모 수태일(12.8~9) 등

✅ 종교 및 신앙

- 아르헨티나 헌법은 종교적 자유를 보장한다.
- 로마 가톨릭이 공식적인 국교로 지정되었다. 최근 다양한 종교, 특히 이슬람교가 지난 10년에서 15년 사이에 큰 성장세를 보이고 있다.

☑ 문화 특성

- '유럽계 이민국가'로서 유럽과 문화 및 관습이 유사하다는 측면에서 남미의 유럽이라고도 불린다.
- 현재 인구 약 4,261만 명 중 95% 이상이 유럽계 이민 후손으로 '유럽인이라는 자존심'이 강하며, 이로 인해 다른 중남미국가로부터 거만하다는 이야기를 종종 듣는다.
- 국민의 92%가 로마 가톨릭으로, 보수적인 성향을 보인다.
- 최근에는 볼리비아, 파라과이 등 인근 국가로부터 저임 노동력 유입이 많고, 중국(25만 명), 대만(2만 명) 등 아시아계 국가로부터 많은 이민자가 오고 있다.
- 가족 중심적인 생활문화이다.
- 전체적으로 개방적이며, 무뚝뚝하고 직선적이지만 재치 있는 태도를 지녔다.
- 대화 시 스킨십을 친근감의 표현으로 여기므로 사람들 사이의 신체적 거리가 가까운 편이다.

☑ 비즈니스 특성

- 즉시 본론을 꺼내기보다는 잡담을 통해 친분을 쌓는 것이 도움이 된다. 축구에 대한 자부심이 매우 강한 편이므로 은근히 치켜세워주는 화법이 필요하다. 축구, 날씨 등을 화제로 시작하는 것이 좋다.
- 종교나 정치, 말비나스섬(포클랜드제도)이나 영국에 관한 껄끄러운 주제는 피한다. 일반적으로 논쟁이 덜한 주제를 택하는 게 좋다.
- 복장 등 유사한 테마로 농담을 꺼내는 경우 이는 일상적이고 대수롭

지 않은 농담일 뿐이니 기분 나빠할 필요는 없다.

- 1, 2주 전에 전화나 이메일로 업무일정을 예약해야 한다.
- 업무회의는 휴가기간을 피하도록 한다. (1월과 2월, 7월 중순과 크리스마스 전후 2주간)
- 문서는 영어와 스페인어 두 가지를 모두 준비한다.
- 명함은 자유롭게 주고받되 스페인어로 번역된 쪽을 상대방에게 내민다.
- 회의에서 의사결정이 이루어지지 않는다. 회의는 의견교환과 토론의 자리로 여겨진다.

✅ 인사 매너

- 첫인사는 격식을 갖추고 가장 나이가 많거나 가장 중요한 사람에게 먼저 인사한다.
- 얼굴에 미소를 띠고 직접 눈을 마주치며 인사한다. 눈 마주치는 것을 관심의 표현으로 여긴다.
- 자신을 먼저 소개할 것이 아니라 모임의 호스트가 다른 사람에게 자신을 소개해 줄 때까지 기다리는 것이 예의이다.

✅ 식사 매너

- 집에 초대된 경우 집주인을 위해 작은 선물을 준비한다.
- 옷차림에 신경 써야 한다. 남성은 재킷과 넥타이를 착용하고 여성의 경우 드레스나 치마, 블라우스를 입어야 한다.
- 초대받은 시간보다 30분에서 45분 늦게 도착한다. 제시간에 도착하

는 것은 예의가 아니다.

- 좌석 배치도가 존재할 수 있으므로 호스트가 자리를 지정해 줄 때까지 기다린 후 앉는다.
- 호스트의 권유가 있기 전에 식사를 시작하면 안 된다.
- 접시에 소량의 음식을 남겨두는 것이 예의이다.
- 다음날 초대에 감사한다는 의미로 전화를 건다.

✅ 복장 매너

- 복장은 남성과 여성 모두 격식 있고 보수적이지만 세련되었다.
- 남성들은 비즈니스 시 어두운 계열의 보수적인 정장을 입어야 한다.
- 여성들은 비즈니스 시 우아한 정장 혹은 드레스를 작용한다.
- 고급스러운 액세서리를 중요시여긴다.
- 상대방의 의상으로 인상을 평가하는 편이다.

✅ 선물 매너

- 수입 증류주에 부과되는 세금이 무척 높기 때문에 알코올 함량이 높은 양주 선물을 반긴다.
- 칼과 가위는 관계를 단절하고 싶다는 의미로 받아들여지므로 선물하지 않는다.
- 주고받은 선물은 바로 연다.

오스트레일리아

Australia

 대륙	 인구	 수도	 통화
오스트레일리아 (Australia)	약 23,232,413명 (2017 기준)	캔버라 (Canberra)	호주달러 (AUD, A$)

✓ 주요 공휴일

- 건국기념일(1.26), 부활절(해마다 다름), 안작데이(4.26), 여왕 탄신일
  (6.13), 박싱데이(12.26) 등

✓ 종교 및 신앙

- 기독교 67%(가톨릭 26% 포함), 무교 26%, 기타 7%
- 국교는 따로 지정되어 있지 않고, 오스트레일리아의 국민들은 종교의
  자유를 가지고 있다.

✅ 문화 특성

- 광대한 국토에 비해 인구밀도가 낮아 느긋하고 여유로운 국민성을 가지고 있다.
- 제2차 세계대전 이후 다양한 이민자들이 유입되어 다양한 인종이 조화를 이뤄 살아가는 다민족국가이다.
- 지난 30년간 동남아시아 이민자들에게 국경을 개방하는 등 이민정책을 자율화시켰다.
- 사용되는 언어는 약 250여 개지만 영어를 주로 사용하며, 나머지는 점점 사라지는 추세이다.
- 허세를 부리거나 가식적인 모습이 없으며 신의가 있다.
- 자신의 학업적 또는 사회적 성공을 자랑하지 않고, 겸손하게 말한다.
- 다른 사람의 잘못을 짚어주는 것을 미덕이라고 생각하지 않는다.
- 상대적으로 인구밀도가 낮은 탓에 사람관계를 중요시여긴다.

✅ 비즈니스 특성

- 대부분의 비즈니스 미팅은 너무 격식을 차리지 않으며 편안한 분위기이다.
- 비즈니스 미팅을 위해서 최소한 며칠 전에는 미리 약속을 잡아야 한다.
- 말을 매우 직설적으로 하는 편이다.
- 보통 거래하는 회사 모두가 윈윈하는 전략을 이끌어내려는 편이다.
- 회의 시작하기 전 분위기를 편안하게 하기 위해 가벼운 주제로 몇 분간 이야기를 나눈다.
- 다양한 인종이 모여 있는 나라이므로 다채로운 언이를 섞어 쓰기도 한다.

- 비즈니스 미팅에서 말을 최소로 하여 빨리 결론을 내리는 편이다. 너무 자세한 설명을 원하지 않기 때문에 간략하게 설명하는 것이 좋다.
- 비즈니스 관계에서 신뢰도를 매우 중요하게 여긴다.
- 보통 소개할 때 명함을 교환한다. 하지만 받지 못했을 경우에도 특별한 의미가 없기 때문에 크게 신경 쓰지 않아도 좋다.
- 상대방을 소개시켜 주기보다는 보통 스스로 소개하는 문화이다.
- 약간의 유머를 섞어서 말하는 게 자신감이 강한 거라 생각한다.

✅ 인사 매너

- 인사에 특별한 격식은 없는 편이다. 친한 친구를 만난 경우에는 포옹이나 서로의 뺨에 키스를 하기도 한다.
- 비즈니스상 만남에서는 서로 웃으며 악수하는 것으로 충분하다.
- 첫 만남에서도 성보다는 이름 부르는 것을 선호한다.

✅ 식사 매너

- 저녁식사에 초대받은 경우, 한 박스의 초콜릿이나 꽃 한 다발을 집주인에게 선물하는 것이 매너이다.
- 좋은 와인 한 병을 선물로 주는 것이나 출신지역의 삽화책 등을 주는 것 또한 선호된다.
- 식사하는 동안 포크는 왼손에 나이프는 오른손에 쥔다.
- 보통 함께 식사하게 되면 자신이 먹은 몫은 자기가 계산하는 더치페이를 한다.
- 배가 부르면 식사를 마친다는 의미로 포크와 나이프를 접시에 함께 둔다.

✅ 복장 매너

- 멜버른과 시드니에서의 복장은 남성과 여성 모두 전통적이고 보수적인 편이다.
- 남성들은 비즈니스 시 어두운 계열의 정장과 흰 셔츠, 넥타이를 착용한다.
- 여성들은 비즈니스 시 단정한 치마나 정장을 입어야 한다.
- 옷차림을 지나치게 꾸미는 것은 오히려 너무 간소한 옷을 입는 것보다 좋지 않게 본다.

✅ 선물 매너

- 가족이나 친구, 이웃 간에 작은 선물을 자주 주고받는다.
- 비즈니스 관계에서 선물 주는 것이 필수는 아니다.
- 선물은 보통 받았을 때 그 자리에서 개봉한다.
- 선물의 액수보다는 얼마나 사려 깊은 선물이었는가를 많이 고려한다.

✅ DO NOT

- 길에서 침을 뱉으면 안 된다.
- 다른 사람의 연봉이나 몸무게, 나이 등을 직설적으로 묻는 것을 무례하게 생각한다.
- 가게 종업원이 자신을 보지 못하였을 때, 큰 소리를 내어 주의를 끌지 않는다. 눈이 마주칠 때까지 기다리거나 손을 들고 조용히 부른다.
- 약속시간 지키는 것을 매우 중요하게 생각한다.
- 다른 사람의 집에 방문할 때 항상 미리 통지해야 한다.

오스트리아
Austria

🌐 대륙	👥 인구	📍 수도	💲 통화
유럽 (Europe)	약 8,754,413명 (2017 기준)	빈 (Vienna)	유로 (Euro, €)

✓ 주요 공휴일

- 예수 공현 대축일(1.6), 부활절(매년 날짜 다름), 노동절(5.1), 성모 승천 대축일(8.15), 건국기념일(10.26) 등

✓ 종교 및 신앙

- 가톨릭 74%, 개신교 4.6%, 이슬람교 4.3%
- 가톨릭이 우세하며 개신교인의 수는 꾸준히 줄어들고 있다.

✓ 문화 특성

- 인구의 98%가 독일어를 모국어로 사용하기 때문에 공식적인 언어는

독일어이다.

- 가족을 중요하게 생각하여 주말은 대개 조부모님을 방문하거나 야외활동을 같이하고, 저녁을 함께 먹는 일이 흔하다.
- 자신의 집을 단정하게 유지하는 것을 미덕으로 여기고, 가까운 친구들과 친척들만 집에 초대된다.
- 일반적으로 오스트리아인들은 보수적이다.
- 쉽게 화내지 않고 온건하며, 행동이 신중한 편이다.
- 상당히 전통적이며, 형식을 중요시한다.

✅ 비즈니스 특성

- 자신을 겸손하게 소개하기보다는 능력이나 수준을 정확하게 말하는 게 좋다.
- 비즈니스 미팅을 위해서 보통 3~4주 전에 미리 약속을 잡아야 한다. 행사가 형식적일수록 약속을 더욱 일찍 잡아 일정이 원활하게 되도록 노력한다.
- 비즈니스 목표 달성에 집중하기 때문에 회의 중 농담이나 잡담이 거의 없다.
- 크리스마스 전후, 부활절 전에는 회의를 잡지 않는 편이다.
- 세부적인 것에 매우 신경을 쓰는 편이므로 보충자료를 세세하게 준비해야 한다.
- 합의에 도달하기까지 때로는 무례하고 빈정거림을 느낄 수도 있다.
- 명함에 회사의 설립일을 넣고, 한 면은 독일어로 번역해 주는 것이 좋다.

☑️ 인사 매너

- 인사는 격식을 갖추어 힘차고 빠르게 악수한다. 악수하는 동안 시선을 마주한다.
- 악수는 아이를 포함한 모든 사람들과 개별적으로 나눈다.
- 때때로 나이 많은 분들은 여성의 손에 키스를 하기도 한다. 여자도 남자의 손에 키스할 수 있다.
- 하지만 다른 나라에서 온 남자는 오스트리아 여자의 손에 키스해서는 안 되며, 남자끼리는 키스하지 않는다.
- 서로를 지칭할 때 이름보다는 직함과 성을 사용한다.

☑️ 식사 매너

- 식사에 초대받은 경우, 수수하고 우아한 옷차림으로 제시간에 도착하는 것이 중요하다.
- 자리에 앉으라는 말을 듣기 전까지 서 있어야 한다.
- 식사하는 동안 포크를 왼손에 나이프를 오른손에 쥔다.
- 앉자마자 냅킨을 무릎에 놓고, 여주인이 식사를 시작하자고 말하기 전에 식사를 시작하지 말아야 한다.
- 포크로 음식을 가능한 많이 잘라야 한다.
- 나이프와 포크를 오른쪽을 향하여 접시에 평행하게 놓으면 식사를 마쳤다는 표시이다.

☑️ 복장 매너

- 화려한 옷을 추구하지 않으며, 단정하고 수수한 스타일을 좋아한다.

- 시간과 장소에 맞게 옷 입는 것을 중요하게 생각한다. 복장 규정을 둔 행사 또한 많다.
- 남자들은 짙은 색의 정장과 하얀 셔츠를 입어야 한다.
- 여성의 옷차림에서 가장 중요한 것은 우아함을 지키는 것이다.

✅ 선물 매너
- 크리스마스 이브와 생일에 가족 및 친구들과 선물을 교환한다.
- 아이들은 성 니콜라스의 축제인 12월 6일에 선물을 받는다.
- 식사 초대를 받은 경우에는 초콜릿과 같은 선물을 가져간다.
- 선물은 보통 받은 자리에서 연다.

✅ DO NOT
- 빨간 카네이션, 백합, 국화 꽃은 선물로 주면 안 된다.
- 꽃은 항상 홀수로 주고 짝수는 불운을 의미한다.
- 옷을 너무 화려하게 입으면 안 된다.
- 비즈니스 회의나 가정집에 초대받았을 때 앉으라는 말을 듣기 전에 앉지 않는다.

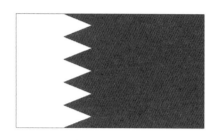

바레인
Bahrain

대륙	인구	수도	통화
중동 (Middle East)	약 1,410,942명 (2017 기준)	마나마 (Manama)	바레인디나르 (BHD)

✅ 주요 공휴일

• 신정(1.1), 노동절(5.1), 국경일(12.16), 왕조 설립일(12.17) 등

✅ 종교 및 신앙

• 이슬람교(수니파 25%, 시아파 60%)

• 1990년대 전까지는 시아파에 의한 과격활동이 빈번했지만 2001년 국
  민헌장의 발표로 시아파에 대한 복지를 확대한 이후 다소 누그러진
  상태이다.

• 이슬람을 준수하고 있지만 비교적 외국의 문화 및 종교에 대해 개방
  적인 편이다.

☑️ 문화 특성

- 정부의 교육에 대한 열망이 큰 편이다. 오늘날 바레인 정부는 국민의 교육과 관련된 모든 비용을 부담하고 있으므로 초, 중등학교 진학률이 매우 높은 편이다.
- 이슬람을 믿는 사람이 많으므로 하루에 다섯 번(새벽, 정오, 오후, 일몰, 저녁) 기도하는 문화가 있다.
- 라마단 기간 동안은 새벽부터 해질 때까지 금식을 한다.
- 외국인은 라마단 기간을 지킬 필요는 없지만 공공장소에서 술을 마시거나 담배를 피우면 안 된다.
- 라마단 기간 동안 일반적으로 일이 느리게 진행된다.
- 가족을 매우 중요하게 생각한다. 보통 사업보다 우선하여 생각한다.
- 대부분의 아랍국가에 비해 여성의 활동이 많은 편이다. 바레인 여성의 4분의 1이 집 밖에서 일하며, 여성에게 투표권이 있다.
- 보통 집으로 초대하기보다는 외부에서 만나서 친목을 다진다.
- 이성과 함께 만나는 모임이 드물다.

☑️ 비즈니스 특성

- 의사결정이 느린 경우가 많으므로 인내심을 가져야 한다. 성급함은 무례함으로 간주된다.
- 관계를 형성하는 데 시간이 걸린다. 하나의 거래를 위해 여러 번 방문해야 할 수도 있다.
- 의사소통에 집중하고 있음을 보여주기 위해 대화 중에 종종 대화 대상자를 만지기도 한다.

- 사업가들과 대화할 때 시계를 보는 것은 무례하다고 생각한다.
- 회의는 보통 아침을 선호한다. 7, 8월에는 더위 때문에 나라를 떠나는 경우가 많으므로 회의를 잡지 않는다.
- 회의 중에 다른 사람의 접근을 차단하지 않기 때문에 자주 방해받는 경우가 있다.
- 회의를 시작하기 전에 건강, 가족 등 개인적인 대화를 나누고 비즈니스 회의를 시작한다.
- 이름 부르는 것을 허락받기 전에는 직함으로 불러야 한다.
- 두 손으로 명함을 제시하고 받는데, 아랍어로 번역된 부분이 보이도록 상대방에게 건넨다.

✓ 인사 매너

- 인사 중에 미소를 잃지 않으며, 시선을 마주치는 것이 중요하다.
- 남자들은 악수를 하고 서로의 뺨에 키스를 한다.
- 여자들은 보통 가까운 친구들끼리 포옹하고 키스한다.

✓ 식사 매너

- 커피나 차를 제안할 경우 거절하는 것은 그 사람에 대한 거절로 간주될 수 있다.
- 보통 식사 중이나 식사 후보다는, 식사 전에 사교적인 잡담을 많이 한다.
- 식사가 바닥에 있다면 책상다리를 하거나 무릎을 꿇는다.
- 식사는 오른손으로만 한다.
- 자신의 식사량보다 많은 음식을 대접받더라도 배부르다는 말 대신 일단 최대한 먹기 위해 노력해야 한다.

- 하지만 제공받은 모든 음식을 다 먹는 것보다는 접시에 음식을 조금 남겨 충분한 식사를 제공받았음을 알려야 한다.
- 연장자를 항상 배려하는 모습을 보인다.

✅ 복장 매너

- 비즈니스 복장이 보수적인 편이다.
- 남성들은 최소한 첫 모임이라도 정장을 갖추어 입어야 한다.
- 여성들의 의상에 많이 제한을 두는 이슬람이므로 여성들은 극히 보수적인 옷을 입어야 한다.

✅ 선물 매너

- 가족이나 친구, 이웃 간에 기념일마다 선물을 교환한다.
- 집에 초대받은 경우, 가정용품이나 수입 초콜릿, 고국에서 가져온 선물이 좋다.
- 술은 선물로 주지 않는다.
- 선물은 두 손으로 주어야 한다.

✅ DO NOT

- 집에 초대받은 경우, 남자라면 여자에게 꽃을 선물해 주지 않는다. 여자인 경우 꽃 선물이 가능하다.
- 선물은 받은 즉시 열어보지 않는다.
- 사교적인 행사에서 일 이야기를 하지 않는다.
- 어떠한 상황에서도 상대의 등을 때리거나 손가락으로 그들을 가리키면 안 된다.

방글라데시
Bangladesh

대륙	인구	수도	통화
아시아 (Asia)	약 157,826,578명 (2017 기준)	다카 (Dhaka)	타카 (TK)

✅ 주요 공휴일

- 회교 기념일(1.25), 방글라데시 신년일(4.14), 힌두 축제일(8.28) 등

✅ 종교 및 신앙

- 이슬람교 83%, 힌두교 16%, 그 외 1%

✅ 문화 특성

- 공용어는 벵골어이다. 최근 영어의 비중이 늘고 있기는 하지만 98% 이상의 인구가 벵골어를 쓰고 있다.
- 방글라데시는 연장자를 우대하는 문화를 가지고 있다. 의사결정을

대부분 그룹의 나이가 제일 많은 사람이 내린다.

- 대부분의 방글라데시인들은 이슬람 교도들이지만 이슬람 이전의 전통과 많이 섞인 문화를 가지고 있다.
- 해마다 많은 이슬람교 축제를 연다.
- 이성 간의 접촉이 많은 편이 아니다. 인사 또한 동성끼리 하는 경우가 많다.
- 혼잡한 공공장소에서 줄을 서지 않은 경우가 많다.

☑ 비즈니스 특성

- 이야기를 직설적으로 하지 않는다. 많은 수식어구가 들어 있는 긴 문장을 주로 사용한다.
- 대화하는 동안 상대방과 거리를 많이 두는 편이 아니다. 하지만 여성과 이야기할 때에는 공간을 좀 두어야 한다.
- 명함에 학위를 표시하는 경우가 많으며, 명함은 오른손으로 건네야 한다.
- 명함을 받으면 바로 넣기보다는 명함에 대해서 잠시 이야기를 나누는 것이 좋다.
- 회의시간이 정확하지 않은 경우가 많으며, 예정 종료시간을 초과하여 연장되곤 한다.
- 회의 중간에 자신의 전문성을 낮추지 않는다.
- 화를 내거나 감정을 얼굴에 드러내지 않는다. 진중한 얼굴이 성숙함을 드러낸다고 여긴다.
- 첫 만남에서는 사업상의 문제보다는 사담을 많이 하는 편이다.

☑ 인사 매너

- 보통 만나고 헤어질 때 악수를 하지만, 크게 힘있는 악수를 나누지는 않는다.
- 악수 후에 오른손을 가슴 위에 올려놓아 존경을 표현한다.
- 남녀가 악수하는 경우는 드물다.
- 이름에 접미사를 붙여 서로를 지칭하는 경우가 많다. 하지만 나이가 같다면 이름을 부른다.
- 사업가는 'bahadur(Sir)', 여자는 'begum(Madam)'이라고 칭하는 경우가 많다.

☑ 식사 매너

- 식사에 초대받은 경우 초대를 단호하게 거절하는 것은 무례하다고 생각한다. '노력할 것이다' 등 간접적인 대답으로 거절의 의사를 표현해야 한다.
- 보통 손을 이용해서 식사를 한다. 하지만 다른 도구를 요구하는 것이 무례하다고 생각하지는 않는다.
- 식사하기 전에 꼭 손을 씻어야 한다.
- 식사는 연장자 순으로 제공받는다.
- 가장 나이가 많은 사람이 식사를 시작하기 전에 식사하면 안 된다.

☑ 복장 매너

- 이슬람을 믿는 사람들이 많기 때문에 비즈니스 복장이 보수적인 편이다.

✅ 선물 매너

- 종교적 휴일에, 특히 라마단과 메카 이후에 선물을 주고받는다.
- 선물을 받으면 보답해야 한다고 생각하기 때문에 보답하기 어려운 선물을 주는 것은 무례하다고 여겨진다.
- 선물은 두 손으로 건네야 한다.
- 다른 사람의 집에 방문할 때에는 사탕 혹은 초콜릿을 주로 선물한다.

✅ DO NOT

- 집에 초대받은 경우, 하얀 꽃을 선물하지 않는다.
- 돈을 직접적으로 건네지 않는다.
- 선물을 준 사람 앞에서 선물을 열지 않는다.
- 술이나 이슬람교에서 허용하지 않는 고기가 들어간 제품을 주어서는 안 된다.
- 왼손으로 식사하면 안 된다.

벨기에
Belgium

🌐 대륙	👥 인구	📍 수도	💲 통화
유럽 (Europe)	약 11,491,346명 (2017 기준)	브뤼셀 (Brussels)	유로 (Euro, €)

✅ 주요 공휴일

- 부활절(4.20), 노동절(5.1), 벨기에 국경일(7.21), 휴전 기념일(11.11) 등

✅ 종교 및 신앙

- 가톨릭 75%, 그 외 25%

✅ 문화 특성

- 공용어는 프랑스어, 네덜란드어, 독일어이다. 그 외에도 다양한 언어가 쓰인다.
- 단일민족으로 이루어진 국가가 아니기 때문에 각 지역마다 고유의

특수성이 존재한다.

- 가족을 매우 중요하게 생각한다. 가족에 대한 의무를 우선순위에 두는 사람이 많다.
- 보이는 것을 중요하게 생각한다. 집 앞이나 거리 등을 깨끗하게 청소하는 사람이 많다
- 옷을 때와 장소에 맞게 입으려고 노력하며, 다른 사람들에게 어떤 인상으로 비칠지 고민하곤 한다.
- 전반적으로 평등한 사회이기 때문에, 여자가 결혼할 때 성을 바꾸지 않아도 된다.
- 다른 사람을 집에 잘 초대하지 않는다.

✅ 비즈니스 특성

- 조심스럽고 신중한 성향을 가지고 있으므로, 거래하기 전에 많은 시간을 갖는 것이 좋다.
- 기업거래에 많은 절차와 서류작업이 동반되는 경우가 흔하다.
- 논리적이고 이성적인 의사소통을 선호하는 경향이 있다.
- 직장 내 평등을 중요하게 생각하기 때문에, 출산 휴가, 직장 내 성희롱을 금지하는 법 등이 있다.
- 의사 결정을 내리기 전에 모든 대안을 고려하기 위해 길게 토론하는 경우가 많다.
- 토론 중에 언성 높이는 것이 무례하다고 생각하기 때문에 강하게 주장하지 않는다.
- 회의시간은 보통 아침이나 오후 중반이 좋다.

- 7월, 8월, 부활절 전 주, 그리고 크리스마스와 신년 사이의 주중에 회의를 잡는 것은 피하는 게 좋다.
- 여러 가지 언어로 된 명함을 준비하여, 수신자가 자신의 국가 언어를 읽을 수 있도록 하는 것이 좋다.

☑ 인사 매너
- 보통 짧은 악수를 나눈다.
- 친밀한 사이라면 왼쪽 뺨부터 번갈아 세 번의 키스를 하기도 한다. 하지만 남자들 사이에서는 하지 않는다.

☑ 식사 매너
- 식사에 초대받은 경우, 좌석을 지정해 줄 때까지 기다린다.
- 여성들은 남자들보다 먼저 자리에 앉는다.
- 포크는 왼손으로 쥐고 나이프를 오른손으로 사용한다.
- 먹는 중에 손목을 테이블 위에 두어야 한다.
- 낭비하는 것으로 여기기 때문에 접시 위에 음식을 두지 않는다.
- 벨기에 사람들은 그들의 요리에 자부심을 가지고 있기 때문에 식사를 칭찬하는 것이 좋다.
- 식사를 마친 경우 나이프와 포크를 접시에 평행하게 놓는다.

☑ 복장 매너
- 회의 중에 재킷을 벗지 말아야 한다.
- 남성은 흰색 셔츠와 실크 타이를 매고, 어두운 색의 정장을 입어야 한다.

- 여성은 정장이나 수수한 느낌의 옷을 입어야 한다.
- 신발까지 신경 쓰는 것이 좋다.

✅ 선물 매너
- 술이나 와인은 친한 친구에게만 주어야 한다.
- 선물은 받은 자리에서 열어본다.
- 일반적으로 선물을 주고받는 문화는 아니지만 새해 인사카드 등을 발송하는 것은 좋다.
- 다른 사람의 집에 방문할 경우, 도착하는 대로 선물을 드리는 것이 좋다.
- 선물에 손으로 쓴 감사편지를 동봉하는 것이 좋다.

✅ DO NOT
- 집에 초대받은 경우, 흰색 국화를 선물하지 않는다.
- 꽃은 13을 제외한 홀수로 주어야 한다.
- 사업 관계자에게 선물할 경우 명함을 동봉하거나, 회사 로고가 표시된 것을 제공하지 않아야 한다.

브라질
Brazil

🌐 대륙	👥 인구	📍 수도	💲 통화
남아메리카 (South America)	약 207,353,391명 (2017 기준)	브라질리아 (Brazilia)	헤알 (Real)

✅ 주요 공휴일

- 신정(1.1), 카니발(2.13), 독립운동일(4.21), 노동일(5.1), 브라질 독립기념일(9.7) 등

✅ 종교 및 신앙

- 포르투갈 식민지의 영향으로 다양한 종교가 있다. 가톨릭, 개신교, 무속신앙 등이 있지만 가톨릭의 영향이 가장 크다.
- 가톨릭 73.8%, 개신교 13.4%

✅ 문화 특성

- 300년 이상 포르투갈의 지배를 받다가 1822년에 독립을 이루었다.

- 아직 포르투갈어를 배우지 못한 이민자 집단을 제외하고는 거의 100%의 인구가 포르투갈어를 쓴다.
- 가톨릭 교도가 매우 많은 나라이므로 가톨릭 문화색이 짙다.
- 가족을 매우 중요하게 생각하므로, 어른이 되어도 종종 결혼할 때까지 부모님과 함께 산다.
- 여성의 사회 참여가 높은 편이지만 주로 교사, 행정직원, 간호사같이 낮은 급여를 받는 직장에 종사한다.
- 1988년 헌법으로 여성에 대한 차별을 금지했지만, 불평등이 여전히 존재한다.
- 브라질은 6세에서 14세까지 의무교육을 실시하고 있지만, 도시지역에 교육이 집중되는 경향이 있다.
- 축제와 음악, 춤을 사랑하는 민족성을 가지고 있다.
- 브라질 이름 순서는 이름, 중간이름, 어머니의 성, 아버지의 성 순서이다.
- 개방적이고 친절하기 때문에 의사소통 중에 손으로 만지는 경우가 종종 있다.

✓ 비즈니스 특성
- 브라질 사람들은 세련되게 옷을 입고, 다른 사람들을 외모로 판단하는 경우가 있다.
- 옷에 덜 신경 쓰기보다는 지나치게 입는 편이 낫다.
- 서면으로 이야기하는 것보다 직접 대면하는 것을 선호한다.
- 다른 사람들 앞에서 공개적으로 비난하는 것을 피해야 한다.
- 토론에 까다로운 규칙이 없는 편이므로 말하는 동안 다른 사람이 끼어드는 경우도 있다.

- 보통 2~3주 전에 미팅을 미리 잡는 것이 좋다. 하지만 마지막 순간에 취소하거나 변경하는 경우가 흔하게 일어난다.
- 협상에 시간이 많이 걸리는 편이므로 서두르는 모습을 보이지 않는 것이 좋다.
- 관계를 매우 중요하게 생각하므로 항상 긍정적인 모습을 보이는 것이 좋다.

✅ 인사 매너
- 남자들 사이에서는 악수를 하고, 악수를 하는 동안 시선을 마주한다.
- 여성의 경우 왼쪽 볼, 오른쪽 볼 순서로 키스한다.
- 브라질 친구들 사이에서는 포옹이 매우 흔하다.
- 여자와 남자가 악수할 경우, 여자가 손을 먼저 뻗어야 한다.
- 미혼 여성과 젊은 여성들은 '세뇨리타'라고 불러야 한다.

✅ 식사 매너
- 수세기에 걸친 이민으로 인해, 브라질 음식은 지역에 따라 다르다. 아프리카, 아시아, 중동, 이탈리아, 스페인, 미국, 중국, 일본의 영향을 받고 있다.
- 오른손에는 칼을 들고 왼손에는 포크를 든다.
- 식사 후 나이프와 포크를 나란히 두고 교차시키지 않는다.
- 손을 눈에 띄지 않게 하고, 팔꿈치는 테이블에 두지 말아야 한다.
- 손으로 음식을 먹으면 안 된다. 과일도 칼과 포크로 잘라 먹는 것이 좋다.

- 식사를 느긋하게 하는 것을 좋아하기 때문에 서두르지 않는 것이 좋다.

☑ 복장 매너

- 회사의 분위기에 따라 다르다.
- 보수적인 회사의 경우 남자들은 정장을 입어야 하고, 여성 또한 정장 차림으로 우아하게 입기를 원한다.
- 현대적인 분위기를 가진 회사들은 바지와 셔츠를 입어도 된다.

☑ 선물 매너

- 선물은 받은 자리에서 개봉한다.
- 첫 만남부터 선물을 건네기보다는 식사를 사주고, 취향을 파악하는 것이 좋다.
- 너무 비싼 선물을 주면 안 된다. 뇌물로 오해받을 수 있다.
- 집에 초대받은 경우, 사탕이나 좋은 와인, 샴페인 또는 스카치 위스키가 좋다.
- 아이를 위한 작은 선물도 같이 준비하는 것이 좋다.

☑ DO NOT

- 보라색이나 검은색의 선물을 주지 않는 것이 좋다.
- 손수건은 장례식과 관련이 있기 때문에 선물로 건네지 않는다.
- 대화 중에 종교와 관련된 말을 많이 하지 않는다.
- 너무 실용적인 선물, 예를 들어 지갑, 넥타이, 향수 같은 것을 선물로 주지 않아야 한다.

불가리아

Bulgaria

대륙	인구	수도	통화
유럽 (Europe)	약 7,101,510명 (2017 기준)	소피아 (Sofia)	레바 (Leva)

✅ 주요 공휴일

- 신정(1.1), 해방의 날(3.3), 불가리아 교육, 문학의 날(5.24), 통일 기념
  일(9.6) 등

✅ 종교 및 신앙

- 불가리아정교 83%, 이슬람교 12%

✅ 문화 특성

- 불가리아인들은 그들의 문화와 전통을 매우 자랑스러워한다.
- 공식적으로 불가리아어를 사용한다.

- 여전히 대가족형태가 많아서 여러 세대가 한 지붕 아래 사는 경우가 흔하다.
- 연장자를 대우해 주는 사회적 분위기가 형성되어 있다. 어떤 단체의 의사결정을 연장자가 하는 경우가 많다.
- 전통적으로 가부장적인 사회이다. 특히 시골지역은 전형적인 보수의 형태를 띠고 있다.
- 가족 규모가 크고 생활공간이 작은 불가리아 사람들의 특성상 사생활에 대해 많이 예민하지 않다.
- 축구와 불가리아의 자연경관과 같은 주제에 대해 토론하는 것이 좋다.
- 불가리아 사람과 이야기할 때에는 가족의 행복, 배우자, 자녀 등 가족을 중요하게 생각하는 것을 기억하는 것이 좋다.
- 겸손함을 좋아하기 때문에, 자신의 부나 지위를 자랑하지 않아야 한다.

☑ 비즈니스 특성

- 사람들을 알아가는 데 시간이 걸리므로, 사업상 거래하기 전에 충분히 시간을 마련하는 것이 좋다.
- 회의 중간에 계속 눈을 마주치는 것이 좋다.
- 사실에 근거한 자료를 중요하게 생각하기 때문에, 가능하면 정보를 시각적으로 표시하는 것이 좋다.
- 불가리아인들은 말을 많이 하지 않기 때문에, 너무 열정적인 발언은 피하는 게 좋다.
- 회의가 항상 제시간에 끝나진 않는다. 시간을 맞추는 것보다 모든 내용을 다 다루었는지를 중요하게 생각한다.

- 인내심을 가지고 서두르지 않아야 한다.
- 학문적인 성과를 명함에 기재하는 것이 좋다.
- 회사가 오래된 경우에는 명함에 회사의 창립날짜를 기재하는 것이 좋다.
- 불가리아 사람들은 우회적으로 말하는 경향이 있으므로, 직접적인 대답을 듣지 못하는 경우가 있다.
- 시간엄수에 너무 스트레스를 받지 않아도 좋다. 15~30분 정도 늦게 도착하는 것은 큰 문제가 아니다.

✅ 인사 매너

- 만나고 헤어질 때 눈을 마주치고 악수를 한다.
- 시간에 따른 인사말을 구분하여 쓴다.
- 친구나 가족 간에 편지 쓸 때를 제외하고는, 격식 있는 호칭을 써야 한다. 이름만 쓰면 안 된다.
- 지역에 따라 인사하는 방법이 다를 수 있다.

✅ 식사 매너

- 식사를 해도 좋다고 말하기 전에는 기다려야 한다.
- 식탁 위에 팔꿈치를 올려두지 말아야 한다.
- 잔을 비우면 항상 다시 채워주기 때문에, 더 이상 원하지 않는다면 잔의 바닥에 한입을 남겨두어야 한다.
- 보통 그릇을 비우고 한 그릇 더 먹는 것이 일반적이다.
- 식사 중에는 조용한 것이 예의이다. 소음을 내는 것은 무례하다고 여

겨진다.

✅ 복장 매너

- 남성은 어두운 색의 수수한 정장을 입는 것이 좋다.
- 여성은 단정하고 우아한 옷을 입어야 한다.

✅ 선물 매너

- 너무 비싼 선물은 주지 않는다.
- 집에 초대받은 경우에는, 꽃과 좋은 술 한 병을 가져다주는 게 좋다.
- 선물은 보통 받았을 때 개봉한다.
- 꽃은 홀수로 선물해야 한다.
- 유부남이 여성에게 선물할 경우, 배우자의 선물이라는 것을 언급하여 오해를 피한다.

✅ DO NOT

- 신생아에게 선물을 줄 때는 홀수로만 준다.
- 꽃을 선물로 줄 때, 국화나 백합은 피해야 한다.
- 칼이나 가위와 같은 날카로운 선물은 주지 않아야 한다.
- 정치, 가난 또는 종교에 관한 토론을 피한다.
- 아르헨티나를 브라질의 라이벌로 여기기 때문에 아르헨티나를 자랑하지 않는다.

캄보디아
Cambodia

대륙	인구	수도	통화
아시아 (Asia)	약 16,504,486명 (2017 기준)	프놈펜 (Phnom Penh)	리엘 (Riel)

✅ 주요 공휴일

- 신정(1.1), 승리의 날(1.7), 노동절(5.1), 어린이날(6.1), 제헌절(9.24), 독립기념일(11.9) 등

✅ 종교 및 신앙

- 남방불교 95%, 기타 5%

✅ 문화 특성

- 국민의 90% 이상이 크메르어를 사용한다. 수년간의 프랑스 식민지 지배로 인해 그 사이에 프랑스 단어들이 포함된 경우가 있다.

- 대부분 불교를 믿기 때문에, 삶과 죽음이 환생이라는 개념을 통해 서로 얽혀 있다고 여긴다.
- 계급을 중요하게 생각하기 때문에 지위를 파악하기 위해 개인적인 질문을 받을 수도 있다.
- 집단을 중요하게 생각하기 때문에 다른 사람의 기분을 배려하여 의사소통을 돌려서 하는 경우도 있다.
- 수도승, 수녀들 그리고 다른 형식적인 영적 지도자들은 공동체 안에서 매우 존경받는다.
- 크메르 루주 정권 동안 많은 사람들이 목숨을 잃었기 때문에 많은 고아, 미망인 가정이 있다.
- 다른 아시아 국가들에 비해 모계 중심적인 경향이 있다. 가정에서 경제적인 문제들에 대해서도 여성이 통제권을 갖는 경우가 더 많다.
- 불교 승려들이 여성들과 신체적으로 접촉하는 것이 금지되어 있으므로, 여성이 물건을 건네주어야 할 때 남성을 통해서 주어야 한다.

☑ 비즈니스 특성

- 회의 시작 전에 짧은 사담을 나누는 경우가 많다.
- 상호 신뢰관계를 구축하는 데 시간이 걸리므로 처음에는 상대를 알기 위해 투자해야 한다.
- 간접적으로 이야기하는 경우가 많으므로 의도를 잘 파악하는 것이 좋다.
- 명함 한쪽을 크메르어로 번역하여 제시하는 것이 좋다.
- 명함을 건네거나 받을 때는 오른손이나 양손을 사용한다.

- 시간을 엄수하는 것을 중요하게 생각한다.
- 감정을 드러내지 않고, 동요하지 않는 것을 미덕으로 생각한다.
- 겸손을 중요하게 생각하므로 허풍을 떠는 의사소통방식을 좋아하지 않는다.
- 너무 오래 시선을 마주치지 않는 것이 좋다.

✅ 인사 매너

- 가슴 높이에서 두 손을 함께 모아서 하는 전통적인 인사가 있다.
- 외국인들에게는 보통 악수를 하는 편이지만 여성들은 전통적인 인사를 할 때도 있다.
- 악수를 너무 강하게 하지 않아야 한다. 공격적인 것으로 해석될 수 있다.
- 캄보디아에서 일부는 그들의 이름이나 성 앞에 남성의 경우 '로크', 여성의 경우 '로크 스리'라는 호칭을 붙인다.
- 더 젊거나 더 낮은 사회계층 출신인 사람이 먼저 인사해야 한다.

✅ 식사 매너

- 식사 예절이 까다로운 편이다. 만약 확신이 없다면 다른 사람을 따라 하는 것이 좋다.
- 가장 나이 많은 사람이 보통 제일 먼저 앉고, 제일 먼저 식사를 시작한다.
- 밥 먹는 자리에서 사업을 논하는 것을 좋아하지 않는다.

☑️ 복장 매너

• 특별하게 요구되는 복장이 없다. 기본적인 정장을 입는 것이 좋다.

☑️ 선물 매너

• 새해에 선물을 주고받는다.

• 생일이 큰 행사가 아니므로 연세가 많은 분들은 생일을 모르는 경우
도 있다.

• 선물할 때에는 양손을 이용하여 건넨다.

• 선물은 받은 자리에서 열지 않는다.

☑️ DO NOT

• 선물로 칼을 주어서는 안 된다.

• 선물을 포장할 때 하얀색의 포장지를 사용하면 안 된다.

• 가장 나이 많은 분이 식사하기 전까지 먼저 먹으면 안 된다.

• 왼손만을 이용하여 물건을 건네고 받으면 안 된다.

• 머리를 함부로 만지면 안 된다. 아이나 아기의 머리를 만지는 것이
금지되어 있다.

• 발바닥이 다른 사람을 가리키면 안 된다.

• 발을 다른 사람들이 잠들어 있는 테이블이나 베개 위에 두면 안 된다.

캐나다
Canada

🌐 대륙	👥 인구	📍 수도	$ 통화
아메리카 (America)	약 35,623,680명 (2017 기준)	오타와 (Ottawa)	캐나다 달러 (CAD)

✅ 주요 공휴일

- 신정(1.1), 캐나다 데이(7.1), 성 금요일(부활절 이틀 전), 휴전기념일 (11.11), 박싱데이(12.26) 등

✅ 종교 및 신앙

- 개신교, 천주교 외에도 유대교, 이슬람교, 불교 등 다양한 종교를 가 지고 있다.
- 가톨릭 39%, 기독교 20.3%
- 현지인들의 종교적 관습을 존중하는 태도가 필요하다.

✅ 문화 특성

- 캐나다에서 사용되는 공식언어는 영어와 프랑스어지만, 프랑스어보다 영어를 사용하는 사람이 더 많다. 그 외에도 60여 개 이상의 언어가 전국에 걸쳐 사용되고 있다.
- 많은 수의 캐나다 커플들은 결혼하기보다는 동거를 선택한다.
- 여성의 70% 이상이 집 밖에서 일을 하며, 많은 남성들이 집안일, 육아와 식사 준비에 참여하므로 비교적 평등한 사회이다.
- 6세부터 16세까지가 법적 의무교육기간이다. 하지만 홈 스쿨 또한 허용된다.
- OECD회원국으로서 세계에서 손꼽히는 부유한 나라 중 하나이다.
- 예술분야에 많은 자금을 지원하고 있으며, 전국에 걸쳐 많은 극장 또한 보유하고 있다.
- 캐나다인들은 그들의 개인적인 공간을 중요하게 생각하며, 누군가와 이야기할 때는 팔 뻗은 자세를 선호한다.

✅ 비즈니스 특성

- 사업 동료들과 개인적인 삶에 대해 의논하는 것을 꺼린다.
- 이름을 허락받기 전까지 이름을 함부로 불러서는 안 된다.
- 영어 이외에도, 프랑스어로 명함 한쪽을 번역하여 쓰는 것이 좋다.
- 회의는 일반적으로 체계적 · 민주적으로 진행된다.
- 회의에서는 모든 사람들이 의견 표현하는 것을 기본으로 한다.
- 캐나다 사람들은 근본적으로 이성적이고 논리적이기 때문에 정보를 제공할 때, 감정에 치우치기보다는 입증할 수 있는 수치를 보여주는

것이 좋다.

☑️ 인사 매너

- 퀘벡에서는 프랑스처럼 각각의 뺨에 한번씩 키스하는 것이 보통이다.
- 비즈니스 시에는 악수를 하지만, 서로 더욱 친숙해지면 격식을 차리지 않을 수도 있다.

☑️ 식사 매너

- 캐나다는 다양한 민족이 살고 있어 음식이 매우 다양하다.
- 포크는 왼손에 쥐고, 나이프는 오른손으로 사용한다. 포크의 끝이 아래로 향하게 해야 한다.
- 집 주인이 식사를 시작할 때까지 먹으면 안 된다.
- 테이블에 팔꿈치를 두면 안 된다.
- 식사가 끝난 뒤 약간의 양을 남겨두는 것이 일반적이다.

☑️ 복장 매너

- 일반적인 스타일의 남자용 정장, 여성용 드레스 또는 정장을 입는다.

☑️ 선물 매너

- 생일과 크리스마스에 선물을 주고받는다.
- 선물은 보통 받은 자리에서 개봉한다.
- 저녁식사에 초대되었다면, 좋은 초콜릿, 꽃 또는 와인 한 병이 좋은 선물이 된다.

✅ DO NOT

- 하얀 백합을 선물로 주어서는 안 된다.
- 선물로 현금을 주어서는 안 된다.
- 사람을 손으로 가리키지 않는다.
- 캐나다와 미국을 혼동하지 말아야 한다.
- 정치, 종교와 관련하여 토론하지 않는 것이 좋다.

칠레
Chile

 대륙	인구	수도	통화
남아메리카 (South America)	약 17,789,267명 (2017 기준)	산티아고 (Santiago)	칠레페소 (CLP)

✅ 주요 공휴일

• 신정(1.1), 노동절(5.1), 해군의 날(5.21), 독립기념일(9.18), 성모 잉태일
(12.8) 등

✅ 종교 및 신앙

• 공식 종교는 없지만 많은 국민들이 로마 가톨릭교를 믿고 있다. 종교
와 관련된 공휴일이 많다.

• 가톨릭 70%, 기독교 15%

✅ 문화 특성

- 가톨릭교가 칠레의 사회적, 정치적 삶을 정의하는 데 큰 역할을 하고 있다.
- 가족을 중요하게 생각한다. 가족행사가 많은 편이며, 소규모 회사들은 가족경영이 많다.
- 사람들의 외적인 모습으로 사회적 지위를 추론하는 일이 많으므로 옷에 신경 쓰는 경우가 많다.
- 대화를 나눌 때 사적인 공간을 많이 주는 것이 아니라, 가까이에서 대화가 이루어진다.
- 전통적으로 가부장적인 문화가 강했으나 현대에 들어서 개선되고 있는 중이다.
- 계급의식이 강한 사회이기 때문에 일반적으로 비슷한 사회적, 교육적 배경을 지닌 사람들과 결혼한다.
- 이야기를 나눌 때 가족에 대한 주제를 꺼내는 것이 좋다. 가족에 진정한 관심을 보이는 사람을 높게 평가한다.
- 많은 사람들이 축구를 즐기므로, 축구는 상대방과 유대를 맺을 수 있는 좋은 방법이다.

✅ 비즈니스 특성

- 이름을 허락하기 전까지 격식을 갖춰서 불러야 한다.
- 눈 마주치는 것을 중요하게 생각한다.
- 명함 한 면을 스페인어로 번역하여 건네는 것이 좋다.
- 관계 지향적인 문화를 가지고 있기 때문에 초반에 사담이 길어질 수

도 있다. 재촉하지 말고 주제가 변경될 때까지 기다려야 한다.

- 손짓의 의미가 다를 수 있으므로 조심해서 사용해야 한다.
- 회의의 끝이 정해진 경우가 드물다. 필요하면 계속 연장된다는 것을 알아두어야 한다.
- 갈등을 피하기 위해 다른 사람의 감정에 맞추어 간접적으로 말하기도 한다.
- 지정된 시간보다 30분~1시간 정도 늦게 나타나는 경우가 있다.
- 발언하는 중에 다른 사람이 끼어드는 경우가 종종 발생한다.

☑️ 인사 매너

- 남성들은 보통 악수를 나눈다.
- 여성들을 오른쪽 팔이나 어깨를 서로 톡톡 두드려주기도 한다.
- 격식이 없어질 만큼 친해지면, 포옹을 하거나 오른쪽 뺨에 키스를 하기도 한다.

☑️ 식사 매너

- 식사자리에 앉을 때, 여자가 남자보다 먼저 앉는다.
- 먹을 때는 항상 식기를 이용한다.
- 포도주는 오른손으로만 따른다.
- 칠레인들은 일반적으로 하루에 4번 식사를 하며, 가장 큰 식사는 점심이다.
- 제공되는 음료는 거절하지 않는 것이 좋다. 특히 술을 거부하는 것은 무례한 것으로 간주된다.

☑️ 복장 매너

· 남성은 수수하고 짙은 색의 정장을 입는 것이 좋다.

· 여성은 우아한 정장이나 드레스를 입는 것이 좋다.

☑️ 선물 매너

· 소녀의 15번째 생일에는 금 장신구를 일반적으로 선물한다.

· 선물은 받았을 때 개봉한다.

· 집에 초대되었을 때, 일반적으로 초콜릿이나 와인을 가져간다. 꽃은 미리 보내는 것이 좋다.

· 뇌물로 오해받을 수 있으므로, 비싼 선물은 하지 않는다.

☑️ DO NOT

· 노란 장미는 경멸의 의미이므로 선물로 주면 안 된다.

· 자주색과 검은색 꽃은 죽음을 상징하므로 선물이 될 수 없다.

· 가위나 칼 또한 관계를 단절하고 싶다는 의미이므로 주어서는 안 된다.

· 공개적으로 누군가를 비난해서는 안 된다.

· 공공장소에서 큰 소리로 말하면 안 된다.

· 교회에 들어갈 때에는 모자와 선글라스를 벗어야 한다.

13

중국
China

🌐 대륙	👥 인구	📍 수도	$ 통화
아시아 (Asia)	약 1,379,302,771명 (2017 기준)	베이징 (Beijing)	위안 (Y)

✅ 주요 공휴일

• 신정(1.1), 청명절(4.5~4.7), 단오절(6.18), 국경절(10.1~1.7) 등

✅ 종교 및 신앙

• 중국 국민들은 종교의 자유가 있지만, 중국 공산당 당원들은 종교를 가질 수 없다.

• 여러 가지 종교가 있지만 선교활동을 할 수 없다.

• 불교와 도교를 믿는 사람들이 많지만, 최근 기독교도 늘어나는 추세이다.

✅ 문화 특성

- 체면을 매우 중요하게 생각한다.
- 효도, 충 등 유교사상에 기반을 둔 덕목을 지키고자 노력한다.
- 가족, 학교, 국가 등 단체를 중요하게 생각하며 그 속에서 조화를 이루고자 한다.
- 유머감각이 뛰어나다. 종종 스스로를 비하하는 개그를 하기도 한다.
- 자신의 집에 사람을 초대하기보다는 공공장소에서 친목 다지는 것을 좋아한다.
- 집에 들어가기 전에 신발을 벗어야 한다.
- 색깔마다 특별한 의미를 가진 경우가 있으므로 주의해야 한다.
- 8을 가장 운이 좋은 숫자라고 생각한다.

✅ 비즈니스 특성

- 말하는 동안 찌푸리는 것은 거절의 의미로 해석된다.
- 중국인들은 모르는 회사와 거래하는 것을 좋아하지 않기 때문에 공식적으로 귀사의 안정성을 보증할 수 있는 중개인을 구하는 것이 도움이 될 것이다.
- 비즈니스 거래를 하기 전에 많은 시간이 걸리는 편이다. 서로를 알아가는 시간에 인내심을 가져야 한다.
- 중국인들은 문자나 전화보다는 직접 대면하는 것을 선호한다.
- 식사와 일을 분리하므로 식사시간에 사업 이야기를 하는 것은 좋지 않다.
- 시간엄수를 미덕으로 여기므로 시간을 지키기 위해 노력해야 한다.

- 회의 중간에 휴대전화가 자주 울리고 대화가 시끄러워지는 경우도 있다. 하지만 휴대폰을 꺼달라고 요구하는 것은 좋은 생각이 아니다.
- 금색을 좋아하므로 한쪽 면이 금색으로 인쇄된 명함을 쓰는 것이 좋다.

✅ 인사 매너
- 외국인과는 악수하는 경우가 많다.
- 다른 사람의 눈을 응시하는 것을 무례하다고 생각한다.

✅ 식사 매너
- 초대한 사람이 먼저 먹기 전에 식사를 시작하는 것은 예의가 아니다.
- 접시에 마지막 한 조각 정도를 남기는 것이 좋다.
- 젓가락을 들고 이야기하지 않고, 이야기하는 중에는 젓가락을 내려 놓고 말하는 것이 좋다.
- 뼈와 같은 것들은 자신의 그릇에 담지 않고, 뼈를 모으는 공용 그릇에 모아야 한다.
- 식사시간에 중국인들은 자신이 음식을 즐기고 있다는 것을 나타내기 위해 종종 트림을 하기도 한다.

✅ 복장 매너
- 비즈니스 복장은 수수하고 겸손하다.
- 남성은 짙은 색상의 정장을 입어야 한다.
- 여성은 정장이나 목 둘레가 높은 드레스를 입는 것이 선호된다.

- 여성들은 굽이 낮은 신발을 신어야 한다.

✅ 선물 매너
- 일반적으로 새해, 결혼식, 생일 등에 선물을 주고받는다.
- 먹는 것을 좋아하므로 음식도 좋은 선물이 된다.
- 8을 가장 운이 좋은 숫자라고 생각한다.
- 선물은 항상 두 손으로 건넨다.
- 중국인들의 예의에 따라 선물을 세 번 정도 거절할 수도 있다.
- 선물은 받은 자리에서 개봉하지 않는다.

✅ DO NOT
- 시계나 손수건은 장례와 관련이 있으므로 주면 안 된다.
- 선물을 흰색, 파란색 또는 검은색 종이로 포장하면 안 된다.
- 4를 불길하게 생각하므로 관련시켜 말하지 않는 것이 좋다.

콜롬비아
Colombia

대륙	인구	수도	통화
남아메리카 (South America)	약 47,698,524명 (2017 기준)	산타페데보고타 (Santa Fe de Bogota)	콜롬비아페소 (COP)

✅ 주요 공휴일

- 신정(1.1), 노동일(5.1), 독립기념일(7.20), 독립전쟁기념일(8.7), 성탄절(12.25) 등

✅ 종교 및 신앙

- 로마 가톨릭교 90%, 기타 10%
- 교구 교회가 공동체의 중심으로 간주되며 그 지역 신부는 지도자의 역할을 한다.

☑️ 문화 특성

- 노인을 공경한다. 나이가 많을수록 현명할 것이라는 기대가 있고 큰 존경을 받는다. 따라서 조직 내에서 결정 내리는 사람도 연장자이다.
- 시간개념이 엄격하지 않다. 명시된 시간보다 최대 1시간까지 지연될 수 있다.
- 가장 높은 자리에 있는 사람이 다른 사람들을 대접한다.

☑️ 비즈니스 특성

- 사전에 미팅약속을 잡는 것이 좋고, 당일 불쑥 찾아가는 일은 피한다.
- 명함의 한쪽을 스페인어로 번역하도록 하고 학위, 자격증 정보를 포함한다.
- 우선 신뢰관계를 구축하는 것이 중요하다. 다소 가벼운 주제로 대화를 시작하도록 한다.
- 언어적 수단보다 비언어적 수단(맥락, 신체언어)을 더 많이 사용하기 때문에 콜롬비아 사람들은 간접적 의사소통자로 불린다.
- 점심식사는 하루의 메인으로, 비즈니스 식사를 주선할 경우 저녁식사보다 점심식사를 선호한다.

☑️ 인사 매너

- 악수를 하며 인사말을 나눈다.
- 남성들은 시선을 맞추며 악수를 하고, 여성들은 악수보다는 팔뚝을 잡는 경우가 많다.
- 서로 친밀해지면 껴안거나 어깨를 두드려주며 오른쪽 뺨에 입을 맞

춘다.

- 남성은 여성이 손을 내밀 때까지 기다려야 한다.
- 인사를 나누기까지 시간이 걸린다. 가족이나 건강 및 사업에 대해 질문하는 등 간단한 대화에 참여해야 한다.
- 시선을 마주치는 것이 좋다.

✅ 식사 매너

- 호스트가 자리를 잡을 때까지 기다린다.
- 식사 시 손을 테이블 아래로 내리지 않는다.
- 탁자에 팔꿈치를 올리지 않는다.
- 제공되는 음식을 모두 맛보는 것이 예의이다.
- 모든 음식은 식기를 사용하여 먹는다. 과일도 칼로 썰어 포크로 먹는다.
- 식사 후 적은 양의 음식을 남겨두는 것이 예의이다.
- 테이블 위의 이쑤시개를 사용하지 않는다.

✅ 복장 매너

- 비즈니스 복장은 최대한 예의를 갖춘다.
- 비즈니스 미팅 시 남성의 경우 어두운 색 계열의 정장, 여성의 경우 정장 혹은 원피스를 입는다.

✅ 선물 매너

- 생일, 크리스마스 등에 선물을 주고받으며 특히 여아의 15번째 생일이 중요한 기점으로 여겨진다.

- 집에 초대되었을 때 선물로 과일, 화분에 심은 식물, 초콜릿 등을 가져간다.
- 꽃은 미리 보내야 한다. 장미를 좋아한다.
- 여아의 15번째 생일의 경우 보통 금을 선물한다.
- 양주 선물을 반긴다.
- 선물은 받은 즉시 열지 않는다.

⊘ DO NOT

- 마약 관련 농담을 삼간다.
- 미국을 아메리카라 부르지 않고 북미라 표현한다.
- 콜롬비아의 문제에 대한 대화는 특별한 질문이 없는 한 꺼내지 않는다. 콜롬비아인들은 자국의 문제에 대해 매우 비판적이지만 외국인의 판단까지는 필요로 하지는 않는다.
- 백합이나 마리골드 혹은 노란 꽃은 장례식에 쓰이므로 선물로 주고받아서는 안 된다.
- 카네이션은 국화이므로 국가행사에 사용되기 때문에 역시 선물로 주고받지 않는다.

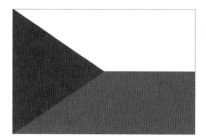

체코
Czech

대륙	인구	수도	통화
유럽 (Europe)	약 10,674,723명 (2017 기준)	프라하 (Praha)	체코 코루나 (Czech Koruna, CZK)

☑ 주요 공휴일

• 신정(1.1), 노동일(5.1), 건국기념일(9.28), 독립기념일(10.28), 성탄절
(12.25) 등

☑ 종교 및 신앙

• 가톨릭 39.2%, 개신교 6.2%, 희랍 정교 3.4%, 무교 40%, 기타 11.2%

☑ 문화 특성

• 체코인들은 무엇보다 자신과 가족의 안녕 및 여가를 중요하게 생각
해, 매주 금요일 오후면 각자 가진 지방의 별장에 가족단위로 휴가를
나선다.

- 일반적으로 중부유럽 사람들이 시간개념에 투철한 편이지만, 체코에서는 15분 정도 늦는 것이 큰 문제가 되지는 않는다.
- 개인적인 친분을 쌓기 전까지는 형식적이고 내성적인 편이다.

☑️ 비즈니스 특성

- 체코 업체는 다른 업체와 미팅할 때 선물을 교환하지 않는다. 특히, 부정부패 척결을 위해 체코 관공서에서는 작은 선물조차 받으려 하지 않는다.
- 체코를 방문해 직접 상담할 경우에는 체코 업체가 영어로 상담이 가능한지를 미리 확인해야 하며, 영어로 상담이 불가능할 경우 통역을 사용해야 원만한 상담이 가능하다.
- 상담 약속은 2~3주 이상 충분한 시간을 두고 해야 한다. 체코인들은 출퇴근시간이 이르기 때문에 약속시간은 오전 9시~15시가 좋다.

☑️ 인사 매너

- 악수는 길지 않게, 상대방의 눈을 맞추는 것이 중요하며 체코인은 악수할 때 손을 다소 세게 잡는 경향이 있다.
- 호칭은 성 앞에 Mr. 또는 Ms.를 붙여서 부르는 것이 일반적이다.
- 주로 사용하는 인사말에는 Dobry den(안녕하세요?), Nashledanou(안녕히 계세요), Ahoj(안녕), Cau(안녕) 등이 있다.
- '아호이', '차우'와 같은 인사말은 친분이 있는 사이에서 쓰이는 것으로, 공식적인 자리에서는 쓰지 않는 편이 좋다.
- 체코의 커뮤니케이션에도 존칭어가 존재하며 공식과 비공식의 구분

이 철저하다.

✅ 식사 매너

- 제시간에 도착하고 신발을 벗는다.
- 옷차림은 단정하게 한다.
- 체코인들은 사업과 사생활을 분리하기 때문에 식사 시에 사업관련 논의를 하지 않는다.
- 앉아달라고 하기 전까지는 서 있는다.
- 여주인이 식사를 시작할 때까지는 먹지 않는다.
- 술자리를 갖는 경우 술잔을 부딪칠 때 한 사람 한 사람 눈을 맞추며 건배를 건네는 것이 예의이다.

✅ 복장 매너

- 비즈니스 미팅 시 양복과 넥타이를 갖추어 입는다.
- 여름의 경우 실내가 덥다면 양해를 구하지 않고 양복 상의를 탈의해도 무방하다.
- 겨울에는 외투를 탈의해 걸어두는 것이 일반적이며 체코 비즈니스 파트너 방문 시에도 외투를 걸어두는 곳을 안내하는 것이 좋다.

✅ 선물 매너

- 체코에서는 선물 교환이 한국처럼 잦은 편이 아니므로, 부담 없는 작은 선물이 좋다.
- 한국의 전통문양이 프린트된 명함 케이스, 녹차와 전통주류 등의 동

양적인 선물은 체코인들에게 반응이 좋다.

- 꽃은 홀수로 주고, 13은 불길한 숫자로 여겨지니 조심한다.
- 35세 이상의 사람들은 종종 꽃을 이성적인 접근이라고 생각하기 때문에 꽃을 주고받는 것은 가능한 삼간다.
- 선물은 받은 즉시 연다.

✓ DO NOT

- 한국에서는 콧물이 날 경우 화장실로 들어가 코를 푸는 것이 예의이고, 그렇지 못할 경우 휴지로 코를 닦아낸다. 하지만 체코에서는 콧물이 날 경우 코를 훌쩍대는 것이 예의에 더욱 어긋나는 행동이기 때문에, 코를 푼다고 해서 전혀 당황할 필요가 없다.

덴마크
Denmark

🌐 대륙	👥 인구	📍 수도	💲 통화
유럽 (Europe)	약 5,605,948명 (2017 기준)	코펜하겐 (Copenhagen)	덴마크 크로네 (Danish Krone)

☑ 주요 공휴일

- 신정(1.1), 부활절(4.4), 제헌절(6.5), 성탄절(12.25), 박싱데이(12.26) 등

☑ 종교 및 신앙

- 덴마크 루터복음교(Evangelical Lutheran Church of Denmark) 78%, 이슬람교 4%, 기독교 3%

☑ 문화 특성

- 덴마크인은 대부분 자신의 성취에 대해 겸손하며, 개인보다 집단에 관심이 더 많다.

- 출산휴가, 육아휴직제도가 특히 잘 되어 있다.
- 남성이 육아활동에 적극적으로 참여한다.
- 평등한 사회로 여성들이 직장에서 존경받고, 남성과 동등한 보수를 받으며 고위직에 오른다.
- 공손한 행동을 중요시한다.
- 가정을 꾸릴 때 반드시 결혼해야 한다고는 생각하지 않는다.

✅ 비즈니스 특성

- 미팅 약속을 2주 전에 반드시 잡아야 하며 2~3일 전에는 다시 한 번 확인한다.
- 덴마크인들은 시간엄수를 중요시여기므로 불가피하게 상담 약속을 지키지 못할 경우에는 사전에 양해를 구한다.
- 일반적으로 3시 반~4시 반 사이에 퇴근하기 때문에 오후 늦게 업무와 관련된 전화 또는 상담을 하는 것은 비효율적이다.
- 잡담은 최소화하고 바로 일을 시작하도록 한다.
- 휴가기간인 6월 중순~8월 중순은 피한다.
- 비즈니스 미팅의 시작과 끝에 모두와 짧게 악수를 하며, 여성들과 먼저 악수한다.

✅ 인사 매너

- 인사는 가볍게 하되 눈을 마주보며 미소를 띤다.
- 모두에게 개별적으로 인사하며 여성에게 먼저 인사한다.

✅ 식사 매너

- 꽃 선물은 미리 보낸다.
- 제시간에 도착한다.
- 덴마크인은 집 자랑하기를 좋아하기 때문에 집을 둘러볼 수 있느냐고 물으면 기뻐한다.
- 사업과 관련된 주제를 삼간다.
- 자리를 알려줄 때까지 앉지 않는다.
- 차려진 모든 종류의 음식을 먹는다.
- 식사 시 양손이 보이도록 한다.
- 자신의 접시 위에 있는 음식은 남기지 않고 먹는다.

✅ 복장 매너

- 덴마크 사람들은 복장에 크게 구애받지 않는다. 그러나 공식석상과 같은 중요한 자리에는 정장차림이 요구된다.
- 일반적인 상담 때도 가급적 정장차림이 좋으나 불가피할 경우는 아주 예의에 어긋나지 않는 깔끔한 차림이면 된다.

✅ 선물 매너

- 사업관계에서는 선물이 필요하지 않다.
- 작은 선물로 초콜릿 한 상자 정도나 회사의 로고가 새겨진 펜, 사무용품 정도면 적당하다.
- 포장지는 빨간색이 좋다.
- 우리나라의 전통문화가 담긴 책이 적절하다.

• 술, 와인, 위스키 등의 선물을 선호한다.

☑ DO NOT

• 흰 장미는 애도의 뜻이 있으므로 선물하지 않는다.

이집트
Egypt

🌐 대륙	👥 인구	📍 수도	💲 통화
아프리카 (Africa)	약 97,041,072명 (2017 기준)	카이로 (Cairo)	이집트파운드 (Egypt Pound, EGP)

✅ 주요 공휴일

• 콥틱 크리스마스(1.7), 시나이 해방기념일(4.25), 혁명기념일(7.23), 군
사기념일(10.6) 등

✅ 종교 및 신앙

• 수니파 이슬람교 90%, 콥트교 9%, 기타 1%
• 대다수의 이집트인들이 이슬람교를 믿기 때문에 그들의 개인적, 정
치적, 경제적 삶에 많은 영향을 미친다.

☑️ 문화 특성

- 이슬람을 믿는 사람이 많으므로 하루에 다섯 번(새벽, 정오, 오후, 일몰, 저녁)에 기도하는 문화가 있다.
- 라마단 기간 동안 새벽부터 해질 때까지 금식을 한다.
- 외국인은 라마단 기간을 지킬 필요는 없지만 공공장소에서 술을 마시거나 담배를 피우면 안 된다.
- 라마단 기간 동안 일반적으로 일이 느리게 진행된다.
- 가족을 중요하게 생각하며, 핵가족과 대가족의 비율이 비슷하다.
- 재정적인 상황이 허락하는 만큼 옷을 갖추어 입으려 한다.
- 사람의 말에서 인격을 판단할 수 있다고 믿기 때문에 말을 조심하여야 한다.
- 사회적 지위는 가족의 배경에 의해 결정되며, 사회적 유동성이 거의 없다.
- 계층과 계급이 중요한 사회이므로, 연장자에게 예의를 보여야 한다.

☑️ 비즈니스 특성

- 이집트인은 지인과 사업하는 것을 선호하기 때문에, 개인적인 관계를 다지는 것이 중요하다.
- 커피나 차를 대접하려 할 때, 거절하지 않고 음료를 마시는 것이 좋다. 환대를 거절하는 것으로 생각한다.
- 시선을 마주치는 것을 정직과 성실의 표시라고 생각하기 때문에 항상 눈을 마주친다.
- 때때로 소리를 지르거나 탁자를 칠 수도 있지만, 분노보다는 주의를

집중하려는 행동일 때가 많다.

- 비즈니스 미팅은 사전에 예약해야 하며, 회의 하루나 이틀 전에 재확인해야 한다.
- 회의 중일 때 종종 다른 사람이 끼어들어 발언하는 경우가 있다.
- 회의를 시작하기 전에 가족, 건강 등에 대한 사담을 한다.
- 회의에 앞서 발표자료를 보내는 경우 영어와 아랍어 번역본을 둘 다 보내야 한다.
- 느린 속도로 진행되기 때문에 인내심을 가져야 한다.
- 이집트인들은 '아니요'라고 말하는 것을 좋아하지 않기 때문에 대답하지 않는다면, 대개 부정적인 신호이다.

⊘ 인사 매너
- 악수를 가장 흔하게 한다. 하지만 약간 흐느적거리고 긴 악수이기 때문에 너무 세게 하지 않도록 한다.
- 친밀한 관계가 되면 악수하면서 한쪽 볼에 키스를 하기도 한다.

⊘ 식사 매너
- 집 주인이 어디에 앉아야 할지 말해 주기를 기다린다.
- 오른손으로만 음식을 먹어야 한다.
- 접시를 비우면 음식을 다시 채우기 때문에 식사를 마치고 싶다면 접시에 음식을 조금 남겨야 한다.

✅ 복장 매너

- 격식 있고 수수한 옷을 좋아한다.
- 남성의 경우 적어도 첫 번째 미팅 때 보수적인 비즈니스 정장을 입어야 한다.
- 남성들은 얼굴과 목 등에 눈에 보이는 장신구를 착용하지 않아야 한다.
- 여성들은 자신을 가려야 한다. 치마와 드레스는 무릎을 덮어야 하고, 소매는 팔의 대부분을 덮어야 한다.

✅ 선물 매너

- 선물을 줄 때, 아이들을 위한 작은 선물을 챙기는 것이 좋다.
- 선물은 항상 오른손이나 양손으로 주어야 한다.
- 선물은 받은 자리에서 열지 않는다.

✅ DO NOT

- 이집트 사람의 집에 들어가기 전에 신발을 벗어야 한다.

핀란드
Finland

🌐 대륙	👥 인구	📍 수도	💲 통화
북유럽 (North Europe)	약 97,041,072명 (2017 기준)	헬싱키 (Helsinki)	유로 (Euro, €)

✅ 주요 공휴일

• 주헌절(1.6), 부활절(4.4), 하지제(6.20), 성인의 날(11.6), 독립기념일 (12.6) 등

✅ 종교 및 신앙

• 루터복음교 83%, 그리스정교 1%

✅ 문화 특성

• 핀란드어와 스웨덴어가 공식언어이며, 핀란드어를 93%의 국민이 사용하고 있다.

- 평등주의 사회이기 대문에 성 중립적인 단어들을 사용한다.
- 겸손함을 미덕으로 삼기 때문에 스스로를 자랑하지 않는다.
- 사우나를 매우 즐긴다. 가족이나 친구들과 하기도 하며 종종 비즈니스 대화가 비공식적으로 이루어질 수도 있다.

✅ 비즈니스 특성

- 어떠한 때이든 공손하게 행동해야 한다. 주의를 끌기 위해 어떠한 것도 하지 않는 것이 좋다.
- 다른 사람의 발언을 방해하는 것은 무례하다고 간주된다.
- 시간을 중요하게 생각하므로 늦지 않아야 한다.
- 사업에서 개인적인 관계를 중요하게 생각하지 않기 때문에, 관계에 시간을 오래 들이지 않아도 된다.
- 잡담이 거의 없고, 간결하고 업무에 집중하여 회의가 진행된다.
- 얼굴을 대면하기보다는 이메일을 사용하여 일하기도 한다.
- 사람의 말을 매우 중요하게 생각하므로 구두 약속 또한 합의로 여겨질 때가 많다.
- 공식적인 약속 없이 사람들을 만나기 힘들다.
- 질문을 거의 하지 않기 때문에 질문할 필요가 없을 정도로 상세하게 하는 것이 좋다.

✅ 인사 매너

- 강하게 악수하며, 눈을 마주쳐야 한다.
- 결혼한 커플을 만났을 때는, 아내를 먼저 맞이해야 한다.

✅ 식사 매너

- 식사 후에 치우는 것을 돕겠다고 제안하는 것이 좋다.
- 식사시간에 업무에 대해서 논하지 않아야 한다.
- 포크를 왼손에 쥐고, 나이프를 오른손에 쥐어야 한다.
- 집 주인이 외투를 벗지 않는 한, 외투를 입고 식사해야 한다.
- 음식을 접시 위에 남겨두지 말고, 완전히 비워야 한다.
- 소금, 후추 병을 건네줄 때는, 직접 건네지 않고 손이 닿는 테이블 위에 올려놓아야 한다.
- 식사를 끝냈을 때는, 칼과 포크의 손잡이가 오른쪽을 향하게 하여 접시 위에 놓아야 한다.

✅ 복장 매너

- 수수하고 보수적인 것을 추구한다.
- 남성은 짙은 색상의 정장, 여성 또한 단정한 바지 정장 또는 드레스를 입어야 한다.

✅ 선물 매너

- 집에 초대받은 경우, 좋은 품질의 초콜릿이나 와인을 선물해야 한다.
- 꽃을 선물할 경우 짝수로 주어서는 안 된다.
- 선물은 받은 자리에서 개봉해야 한다.

✅ DO NOT

- 흰 꽃이나 노란 꽃은 장례식에 사용되므로 주지 않아야 한다.

• 화분에 심은 식물을 선물로 주어서는 안 된다.
• 집에 들어가기 전에 신발을 벗어야 한다.

프랑스
France

🌐 대륙	👥 인구	📍 수도	💲 통화
유럽 (Europe)	약 67,106,161명 (2017 기준)	파리 (Paris)	유로 (Euro, €)

✓ 주요 공휴일

- 신정(1.1), 노동절(5.1), 제2차 세계대전 종전기념일(5.8), 혁명기념일 (7.14) 등

✓ 종교 및 신앙

- 가톨릭 61%, 무신론 21%, 이슬람교 4%, 개신교 3%, 불교 1%, 유대교 1%

✓ 문화 특성

- 공용어는 프랑스어로 국민의 88%가 사용한다.
- 가톨릭 신자가 많기 때문에 보통 성당에서 결혼식을 올리는 경우가

많다.

- 요리에 매우 관심이 많다.

- 가족의 각 구성원은 특정한 의무와 책임을 지는데 특히, 부모가 그들의 역할을 매우 심각하게 생각한다.

- 프랑스 사람들은 예의 바르지만, 사적인 관계와 공적인 관계의 구분이 뚜렷한 편이다.

- 프랑스 사람들은 패션에 관심이 많기 때문에 옷에 신경을 많이 써야한다.

- 공과 사를 구분하는 경향이 짙다.

✅ 비즈니스 특성

- 제시간에 도착하는 것이 중요하다. 적어도 10분 이상 지각해선 안된다.

- 예의와 격식을 강조한다.

- 신뢰를 바탕으로 일을 하므로, 상호 신뢰관계를 구축하기 위해 노력해야 한다.

- 만약 프랑스어를 잘 하지 못한다면, 그것에 대해 미리 사과하는 것이 좋다.

- 비즈니스상에서 상대방의 사회적 지위나 교육수준을 살피기 위해 프랑스 사람들의 질문은 때때로 직설적이다.

- 7, 8월은 일반적으로 휴가기간이므로 미팅 일정을 잡지 않는 것이 좋다.

- 과장하는 것을 좋아하지 않기 때문에 과장된 주장을 하지 않아야 한다.

- 업무가 느리게 진행되므로 인내심을 가져야 한다.

- 엄격하게 규율을 고수하는 모습에 화를 내면 안 된다.

☑ 인사 매너

- 일반적으로 악수를 한다.
- 친구들 사이에서는 왼쪽 뺨에 한번, 오른쪽 뺨에 한 번씩 키스하면서 인사할 수 있댓.
- 아파트 건물에 살고 있다면 이웃에게 자주 인사를 건네는 것이 좋다.

☑ 식사 매너

- 포크는 왼손에 쥐고, 나이프는 오른손에 쥔다.
- 나이프와 포크로 샐러드를 자르면 안 된다. 상추는 포크로 먹어야 한다.
- 와인을 더 이상 원하지 않는다면, 와인잔을 가득 채워두어야 한다.
- 팔꿈치를 식탁 위에 올려두는 것은 무례하다고 생각된다.

☑ 복장 매너

- 첫 만남에는 짙은 색의 수수한 정장을 입어야 한다.
- 그 후의 옷차림은 회사의 성격에 달려 있다.
- 여성들은 정장을 입거나 색상이 우아한 드레스를 입어야 한다.
- 세세하게 복장을 살피기 때문에 좋은 품질의 장신구를 착용하는 것이 좋다.

☑️ 선물 매너

- 꽃을 선물로 줄 때에는 13을 제외한 수로, 홀수로 주어야 한다.
- 와인을 좋아하기 때문에 품질 좋은 와인을 선물하는 것이 좋다.
- 선물은 보통 받은 자리에서 개봉한다.
- 큰 파티에 초대받은 경우, 저녁에 꽃이 전시될 수 있도록 아침에 꽃을 보내는 것이 좋다.

☑️ DO NOT

- 13이라는 숫자를 불길하게 생각하기 때문에 관련하여 물건을 주지 않아야 한다.

독일

Germany

대륙	인구	수도	통화
유럽 (Europe)	약 80,594,017명 (2017 기준)	베를린 (Berlin)	유로 (Euro, €)

☑ 주요 공휴일

- 신년(1.1), 통일기념일(10.3), 종교개혁일(10.31), 성탄절(12.25) 등

☑ 종교 및 신앙

- 가톨릭 34%, 개신교 34%, 이슬람 3.7%, 무교 및 기타 28.3%

☑ 문화 특성

- 공용어는 독일어로 인구의 95% 이상이 독일어를 모국어로 사용하고 있다.
- 세심하게 계획을 세우고 그것을 지키는 것이 생활화되어 있다.

- 일과 사생활을 엄격하게 구분한다.
- 독일인은 보통 집을 매우 깨끗하고 단정하게 유지하며, 그들의 집을 자랑스러워한다.
- 집에는 보통 가까운 친구나 친척들만 초대하곤 한다. 초대받은 다음 날 손으로 쓴 감사편지를 보낸다.
- 독일은 규제가 심하고 극도로 관료적인 나라이다.

✅ 비즈니스 특성

- 제시간에 도착하는 것이 중요하다. 일찍 도착하는 것 또한 좋지 않다.
- 독일인들은 사업을 위해 개인적인 관계를 필요로 하지 않는다.
- 들어가기 전에 노크를 해야 한다.
- 거래가 진행되는 동안 많은 서면작업이 예상된다.
- 사업에 관련하여 요청할 때에는 독일어로 써야 한다.
- 회의는 시작 및 종료 시간을 엄격하게 준수하는 편이다.
- 말하는 동안 눈을 마주쳐야 한다.
- 독일인은 업무에 전념하는 것을 선호하기 때문에 사적인 대화를 짧게 하는 편이다.
- 일단 한 번 결정이 나면 잘 변경되지 않는다.

✅ 인사 매너

- 일반적으로 굳세게 악수를 한다.
- 이름을 허락받기 전에는 그들의 성이나 직함을 불러야 한다.
- 아이들까지 포함하여 모든 사람과 개별적으로 악수한다.

✅ 식사 매너

- 좌석을 지정해 줄 때까지 앉지 않는 것이 좋다.
- 집 주인이 먹기 전까지 식사를 하지 않으며, 냅킨 또한 집 주인이 먼저 무릎 위에 올려놓은 후에 올린다.
- 테이블에 팔꿈치를 올려두는 것은 무례하다고 생각한다.
- 포크로 음식을 최대한 많이 잘라 먹는 것이 좋다.
- 식사를 마친 경우, 포크를 나이프 위에 올려놓고 나이프와 포크를 접시 오른쪽에 평행으로 놓는다.

✅ 복장 매너

- 복장은 절제되고, 격식을 갖춘 보수적인 옷차림이 좋다.
- 남성들은 어두운 색의 보수적인 정장을 입어야 한다.
- 여성들은 정장을 입거나 수수한 옷을 입어야 한다.
- 과시용 보석이나 액세서리는 착용하지 않는 것이 좋다.

✅ 선물 매너

- 집에 초대된 경우, 초콜릿이나 꽃과 같은 선물을 하는 것이 좋다.
- 노란 장미는 항상 환영받는다.
- 선물은 보통 받은 자리에서 개봉한다.

✅ DO NOT

- 빨간 장미는 낭만적인 의미를, 카네이션은 애도를 상징하기 때문에

주어서는 안 된다.

- 와인을 선물할 경우 독일산이 아닌 수입산을 주어야 한다.

가나
Ghana

🌐 대륙	👥 인구	📍 수도	$ 통화
아프리카 (Africa)	약 27,499,924명 (2017 기준)	아크라 (Accra)	가나 세디 (Ghana Cedi, GHS)

✅ 주요 공휴일

- 신년(1.1), 독립기념일(3.6), 노동절(5.1), 아프리카의 날(5.25), 초대 대통령 탄신일(9.21) 등

✅ 종교 및 신앙

- 기독교 71.2%, 이슬람교 17.6%, 토속종교 5.2%, 무교 5.3%, 기타 0.8%

✅ 문화 특성

- 가나의 공용어는 영어지만, 다양한 종류의 언어가 혼용되고 있다.
- 가나에는 100개 이상의 민족이 살고 있다.

- 가족을 매우 중시하고, 개개인은 대가족을 통해 인정받고 사회적으로 지위를 얻는다.
- 가나 사람들은 좋은 평판을 유지하기 위해 노력한다. 그래서 항상 예의 바른 모습을 보이려고 한다.
- 가나 사람들은 사람들 간의 조화로운 관계를 위해 좀 더 간접적인 방법으로 대화하는 경우가 많다.
- 연장자를 존중하는 문화이다.
- 인사하면서 사람들의 건강, 가족, 직장에 대해 물어보는 시간을 가진다. 인사를 너무 서둘러서 하지 않는다.
- 가나인들은 유머와 농담하기를 좋아하며 즐긴다. 그러나 가나인들이 하는 유머를 이해할 때까지는 외국인으로서 섣부르게 농담하는 것은 피하는 것이 좋다.
- 상대에게 손바닥을 보이면서 손가락을 구부렸다 폈다 하는 것은 '이리 오라'는 표시이다.

✅ 비즈니스 특성

- 사람들 사이의 관계를 중요시하므로 관계형성에 상당한 시간을 할애해야 한다.
- 첫 만남의 경우, 관계 형성을 위한 대화가 주를 이룬다. 사업이 별로 논의되지 않는 경우도 있다.
- 연장자를 존중하기 때문에 나이 많은 분께 먼저 인사를 건넨다.
- 가나인들이 당신을 놀린다면 그것은 당신을 편하게 생각하고 있다는 표시이므로 자연스럽게 호의로 받아들이는 게 좋다.

- 비즈니스와 관련해서 가나인들은 약속을 지키는 데 서툴다. 특히 시간약속을 잘 지키지 않는데, 아이러니컬하게도 외국인이 비즈니스 약속시간에 늦는 것은 무례하다고 여겨질 수도 있다.

✅ 인사 매너
- 전통적인 인사는 다양한 민족이 살고 있으므로 다양하다.
- 외국인들과는 미소를 지으며 악수를 한다.
- 존경의 표시로 30세 이상의 남성은 'pah-pah', 여성은 'mah-mee'라고 불릴 수 있다.
- 50세 이상의 사람들은 'nah-nah'라고 불릴 수 있다.

✅ 식사 매너
- 집에 초대받은 경우, 자리를 말해 줄 때까지 기다리는 편이 좋다.
- 음식이 나오기 전에 대야에 물을 담아주는데, 손을 씻는 데 사용한다.
- 가장 나이 많은 남성이 음식을 먹을 때까지 먹으면 안 된다.
- 음식은 일반적으로 공동 대접에 제공되는데 자신과 가까운 부분을 먹는다. 음식을 가로질러 손을 뻗지 않는다.

✅ 복장 매너
- 남녀 간의 모든 행사에 드레스코드가 있으며, 가나인들은 주요한 국가적 행사나 사업 혹은 전통행사 시 전통복장을 즐겨 입는다.
- 정부 공무원을 만날 때, 은행과 같은 공공건물 등에서는 반드시 비즈

니스용으로 옷을 갖추어 입어야 한다. 불가피할 경우 간소 복장이나 면직물로 된 옷을 입는다.

- 여성들은 노출이 심하거나 꼭 끼어서 몸매가 드러나는 옷 입는 것을 삼가야 한다.

✅ 선물 매너

- 가나에서 비즈니스를 하거나 사회적인 관계를 만들어 나갈 때 선물을 주는 것은 매우 중요하다.
- 하지만 가나인의 집에 저녁식사 초대를 받았을 때, 선물은 준비하지 않아도 된다. 그러나 어린이들을 위한 선물은 가족에 대한 관심을 표시하므로 좋다.
- 선물은 오른손이나 양손으로만 준다.
- 선물은 받은 자리에서 열지 않는다.
- 선물은 항상 포장되어 있어야 한다.

✅ DO NOT

- 음식을 먹을 때 왼손을 사용하지 않는다.
- 명함을 건넬 때도 왼손을 사용하지 않는다.

그리스
Greece

 대륙	 인구	 수도	 통화
유럽 (Europe)	약 10,768,477명 (2017 기준)	아테네 (Athenae)	유로 (Euro, €)

✅ 주요 공휴일

- 신년(1.1), 독립기념일(3.25), 노동절(5.1), 국경일(10.28), 성탄절(12.25) 등

✅ 종교 및 신앙

- 그리스정교 98%, 이슬람교 1.3%, 기타 0.1%

✅ 문화 특성

- 그리스는 수세기에 걸친 터키의 지배로 중동의 영향을 받아 서구적 합리성이 다소 약하다.
- 그리스인의 98%가 그리스의 공식언어인 그리스어를 사용한다.

- 그리스인들은 그들의 문화유산과 세계문명에 대한 기여를 자랑스러워한다.
- 그리스정교는 그리스인의 삶과 밀접한 관계를 맺고 있다.
- 젊은 사람들은 그전 세대만큼 독실한 교회신자는 아니지만, 결혼식이나 장례식 같은 중요한 의식은 교회에 의지하는 경우가 많다.
- 가족은 그리스인에게 아주 중요하며, 가족 구성원들은 서로 재정적, 정서적 지원을 제공한다.

✅ 비즈니스 특성

- 시장이 작기 때문에 현지 수입상들은 대량 수입보다는 소량 수입을 선호하는 편이다. 소량 구매로 인해 운송기간이 짧은 주변 유럽국가로부터의 수입 또한 선호하는 편이다.
- 그리스인들은 약속시간 관념이 부족하다. 바이어 사무실에 직접 찾아가지 않고 타 장소에서 만나기로 한 경우 보통 10~20분 정도 늦으며, 정시에 맞춰서 오는 경우는 거의 없다.
- 가족 단위의 비즈니스가 많으며, 사업에서 관계를 중요하게 생각하므로 거래 전에 시간을 들여 관계를 구축하는 것이 좋다.
- 전화나 문서보다는 직접 만나는 것을 더 선호한다.
- 다른 사람의 진술에 공개적으로 이의를 제기하는 것은 무례하게 여겨진다.
- 회의 중에 종종 다른 사람에 의해 발언이 중단될 수도 있다.
- 업무가 느리게 진행된다. 인내심을 가지고 진행해야 한다.

☑️ 인사 매너

- 밝게 웃으며 인사말과 함께 악수를 하는 방식이다.
- 친한 친구, 친인척 사이의 경우 포옹을 하거나 볼을 부딪치며 반가움을 표시한다. 볼인사는 그리스 전통 인사법이라 볼 수 있다.
- 이성뿐만 아니라 동성 친구들 사이에서 반갑게 인사를 하거나 동의할 때 윙크를 하기도 한다.

☑️ 식사 매너

- 그리스 사람들은 점심시간이 따로 있지 않으므로 점심보다는 저녁 식사에 초대하는 것이 더 일반적이다.
- 점심식사는 보통 간단하게 빵이나 샌드위치, 커피로 해결하며, 저녁 식사는 저녁 9시 이후부터 거의 2시간 이상씩 격식을 갖추어서 한다.
- 식사를 끝낸 경우 접시 옆에 냅킨을 두고, 나이프와 포크를 접시 위에 평행으로 둔다.
- 식사하는 동안 팔꿈치를 테이블에 올려두지 않는다.

☑️ 복장 매너

- 그리스 사람들은 다른 국가에 비해 복장에 크게 구애받지 않는다.
- 그리스는 1년 중 따뜻한 날이 더 많으며, 5~9월 낮기온이 25~40도가 넘기 때문에 간편한 차림을 선호한다.
- 대개 셔츠, 정장 재킷에 간편한 바지를 즐겨 입으며, 일반 비즈니스 상담 시에도 넥타이는 거의 착용하지 않는다.
- 남성이나 여성 모두 짙은 색상의 수수한 옷을 선호한다.

☑️ 선물 매너

- 일반적으로 그리스 사람들은 가족이나 친구들과 선물을 교환한다.
- 생일선물을 주어도 되지만, 일반적으로 생일을 크게 축하하는 문화는 아니다.
- 너무 비싼 선물은 부담이 될 수 있다. 왜냐하면 대개 선물을 보답하기 때문이다.
- 선물은 포장해서 주어야 한다.
- 선물은 보통 받은 자리에서 개봉한다.

☑️ DO NOT

- 그리스인들에게 손바닥을 펴 보이는 것은 금물이다. 그리스에선 상대방에게 손바닥을 펴 보이는 것이 가장 심한 욕이다.

홍콩
Hong Kong

🌐 대륙	👥 인구	📍 수도	$ 통화
아시아 (Asia)	약 7,400,000명 (2017 기준)	도시국가로 특정 수도가 없음	홍콩달러 (HKD, Hong Kong Dollar)

✅ 주요 공휴일

- 신년(1.1), 노동절(5.1), 홍콩특별행정구 수립기념일(7.1), 중화인민공화국 수립일(10.1) 등

✅ 종교 및 신앙

- 도교 · 불교 34%, 기독교 4%, 천주교 3%, 이슬람교 1%, 소수 종교 1%, 무교 57%

✅ 문화 특성

- 홍콩은 중국의 전통적 문화를 지키면서도, 영국의 사회 · 문화적 영

향을 받아 다른 에티켓이 있다. 기본적인 형식은 영국과 비슷하나, 그 속에는 아시아적 예절이 녹아 있다.

- 개인의 이득보다는 공익을 위해 자신을 조금 낮추고 전체의 효율을 높이는 것이 미덕이라는 인식이 깔려 있다. 이에 공공장소에서 자신이 불편하다고 해서 큰 소리를 내거나 하는 일은 거의 없다.
- 영어와 중국어를 공식언어로 하고 있다. 다른 중국의 방언들 또한 쓰고 있다.
- 유교적 관념이 퍼져 있으며, 유교는 의무, 충성, 명예, 효도, 그리고 연장자에 대한 존중, 성실성을 강조한다.
- 지리적으로 이상적인 위치에 있으므로 국제무역에서 큰 역할을 하고 있다.
- 성급함과 공격성을 매우 부정적인 것으로 간주한다. 침착하고 예의 바르게 행동해야 한다.

☑ 비즈니스 특성

- 홍콩 시장은 가격경쟁이 치열해서 마진이 적더라도 입점하려는 수출자가 많다 보니 바이어들 역시 가격인하 요구가 높다.
- 많은 사업체들이 가족경영인 경우가 많아서 개인적인 관계는 비즈니스 거래의 필수적인 부분이다.
- 관계 형성을 위해 첫만남에는 사담을 나누는 경우가 많다.
- 홍콩 출장 시에는 1~2개월 정도 전에 예약해야 한다.
- 비즈니스 협상이 느리게 진행되므로 인내심을 가져야 한다.
- 미신을 많이 믿기 때문에 계약날짜는 점성술사나 풍수전문가에 의

해 결정될 수도 있다.
- 명함의 한쪽 면은 중국어로 번역하고, 한자는 금으로 인쇄하는 것이 좋다.
- 시간을 지키기 위해 노력하고, 지각한 경우 반드시 사과해야 한다.

✅ 인사 매너

- 홍콩 사람들은 서양식 악수법에 익숙하다. 하지만 줄곧 눈길을 유지하는 서양식 시선처리와 달리 존경의 표시로 눈길을 아래로 낮추는 경우가 있다.
- 홍콩 사람들의 악수는 굳세지 않고 가볍다.
- 이름을 허락받기 전에는 직함과 성을 호칭으로 한다.

✅ 식사 매너

- 테이블 매너가 까다로운 편은 아니다.
- 젓가락질을 하며 술을 마시거나 말을 하지 않는다.
- 음식의 마지막 조각을 남겨놓는다.
- 식사를 마친 경우 젓가락을 그릇 위에 두지 않고 테이블 위에 둔다.
- 욕심 많아 보이고 싶지 않다면, 두 번째 서빙에 대해 질문받았을 때 최소한 한번은 거절하는 게 좋다.

✅ 복장 매너

- 일반적인 스타일의 남성용 정장, 여성용 드레스 또는 정장을 입는다.

✅ 선물 매너

- 작은 기념품 등 선물은 미팅 후 건네는 것이 일반적이다.
- 선물은 받기 전에 한두 번 정도 거절될 수 있다.
- 선물을 흰색, 파란색 또는 검은색 종이로 포장하면 안 된다. 금색과 빨간색을 행운의 색이라 생각하여 선호한다.
- 선물은 받은 자리에서 개봉하지 않는다.
- 8을 행운의 숫자라고 생각하여, 8개의 물건을 주고받는 것은 받는 사람에게 행운을 가져다준다고 믿는다.

✅ DO NOT

- 사람들을 공개적으로 비난하거나, 다른 사람의 의견을 공개적으로 반박하면 안 된다.
- 빨간색이나 흰색 꽃을 주면 안 된다.
- 아이들에게 선물할 때, 초록색의 모자를 주면 안 된다.
- 홀수를 불길하게 생각하므로 홀수로 물건을 건네지 않는 것이 좋다.

헝가리
Hungary

대륙	인구	수도	통화
유럽 (Europe)	약 9,850,845명 (2017 기준)	부다페스트 (Budapest)	유로 (Euro, €)

✅ 주요 공휴일

- 신년(1.1), 헝가리 혁명기념일(3.15), 노동절(5.1), 헝가리의 건국기념일(8.20) 등

✅ 종교 및 신앙

- 로마 가톨릭 51.9%, 칼빈교 15.9%, 루터교 3.0%, 기타 그리스정교 등

✅ 문화 특성

- 국민의 98%가 헝가리어를 사용한다.
- 고대 헝가리인들은 유목생활을 하였기 때문에 말을 사육하고 타는

것이 그들의 삶에 중요한 역할을 하였다. 따라서 헝가리에서는 손님을 초대하여 말을 타는 것이 드문 일이 아니다.

- 대가족 형태가 많으며 조부모님들이 손자, 손녀를 키우는 데 중요한 역할을 한다.
- 헝가리 사람들은 사적인 세부사항을 공유하면서 친해진다. 만약 개인적인 질문을 받는다면 그것은 그저 서로 알아가는 과정이라 여기는 게 좋다.
- 집에 초대받은 경우, 집에 들어가기 전에 신발을 벗어달라는 부탁을 받을 수도 있다.

☑ 비즈니스 특성

- 서면보다는 직접 대면하는 것을 더 선호한다.
- 사업을 위해 오랫동안 개인적인 관계를 형성하는 것이 꼭 필요하지는 않다.
- 생각을 돌려 말하거나 애매하게 말하는 것을 좋아하지 않는다. 직설적으로 이야기하는 편이다.
- 종종 이야기나 일화, 그리고 농담을 이용하여 의견을 전달한다.
- 개인적인 생각을 기꺼이 공유하지 않으려는 사람들을 좋아하지 않는다.
- 눈에서 진실성을 느낄 수 있다고 생각하기 때문에, 말하는 동안 눈을 쳐다볼 수 없는 사람들은 무언가를 숨기는 것으로 간주한다.
- 비즈니스에 대해 논의하기 전에 잠시 사담을 나누는 것이 좋다.
- 시간을 엄수하는 것에 대해 심각하게 받아들인다. 늦어질 것으로 예

상되면 즉시 전화를 걸어 사정을 설명해야 한다.

- 허락없이 양복 재킷을 벗으면 안 된다.
- 사업이 느리게 진행되므로 인내심을 가져야 한다.

✅ 인사 매너

- 보통 악수를 하며 인사를 나눈다. 하지만 남성은 대개 여성이 손 내미는 것을 기다려야 한다.
- 가까운 친구들은 왼쪽 뺨부터 시작하여 두 뺨에 가볍게 키스를 한다.
- 비즈니스에서는 이름보다 상대방의 직함과 성을 부르는 게 좋다.

✅ 식사 매너

- 포크는 왼손에 쥐고, 나이프는 오른손으로 사용한다.
- 집 주인이 식사를 시작할 때까지 먹으면 안 된다.
- 식탁 위에 팔꿈치를 올리지 않아야 한다.
- 모든 종류의 음식을 한 번씩 맛보는 것이 좋다.
- 식사를 마치지 않았다면, 나이프와 포크를 접시 위에 가로질러 놓는다.
- 식사를 마친 경우에는, 접시의 오른쪽에 나이프와 포크를 평행으로 둔다.
- 빈 잔은 즉시 채워지므로, 더 이상 마시고 싶지 않다면 잔을 반쯤 채운 채로 두어야 한다.

✅ 복장 매너

- 격식을 갖춘 보수적인 복장을 선호한다.
- 남성들은 하얀 셔츠에 넥타이를 매고, 어두운 색 정장을 입어야 한다.
- 여성은 정장이나 우아한 드레스를 입어야 하고, 좋은 품질의 장신구를 한다.
- 청바지는 일반적인 평상복이지만 짧은 반바지는 드물다.

✅ 선물 매너

- 비즈니스상에서 선물이 필수는 아니다.
- 집에 초대된 경우, 좋은 초콜릿, 꽃 또는 서양 술이 선물로 좋다.
- 선물은 보통 받은 자리에서 개봉한다.

✅ DO NOT

- 헝가리 사람들은 그들의 와인을 자랑스러워하기 때문에 와인을 선물로 주어서는 안 된다.
- 백합, 국화, 또는 빨간 장미를 주지 않는 것이 좋다.
- 집 구경을 부탁하면 안 된다.
- 맥주를 마실 때 잔을 부딪치지 않는다.

인도
India

 대륙	 인구	 수도	 통화
아시아 (Asia)	약 1,281,935,911명 (2017 기준)	뉴델리 (New Delhi)	루피 (Rupee, Re)

✅ 주요 공휴일

- 시바신 탄생일(2.14), 힌두기념일(3.25), 독립기념일(8.15), 크리스마스 (12.25) 등

✅ 종교 및 신앙

- 힌두교 80.5%, 이슬람교 13.4%, 기독교 2.3%, 시크교 1.9%, 불교 0.8%, 자이나교 0.4%

✅ 문화 특성

- 인도는 세계에서 가장 오래된 문화 중 하나를 가지고 있기 때문에 수

많은 언어의 영향을 받고 있다.

- 세계에서 두 번째로 많은 무슬림 인구를 가지고 있다. 삶과 종교가 밀접한 관계를 맺고 있다.

- 종교적으로, 자기 수양과 명상, 요가, 금욕적인 관행을 중요하게 생각한다. 소를 신성한 동물로 여긴다.

- 가부장적인 가족구조를 가지고 있으며, 아직도 중매결혼이 일반적인 지역이 많다.

- 계급제인 카스트 제도를 가지고 있다. 사람들을 브라만, 크사트리야, 바이샤, 수드라 계급으로 나눈다.

- 대가족 형태가 흔하며, 어린 아이를 엄마나 할머니가 돌보는 경우가 많다.

- 인구의 60% 정도가 농업 또는 관련 산업에 종사하고 있다.

- 성평등의식이 낮은 편이며, 성별에 따른 역할이 장려되고 있다.

- 인도문화는 긴 기간 동안 다양한 관습과 생각들을 흡수하여 발전해 왔다.

- 인도의 영화산업인 발리우드는 세계에서 가장 많은 영화를 생산하고 있으며, 아마도 팔리는 티켓의 숫자 측면에서 보면 가장 많은 영화를 생산하고 있다.

✅ 비즈니스 특성

- 시간 지키는 것을 중요하게 생각하므로 항상 시간을 엄수해야 한다.

- 비즈니스 미팅을 시작하기 전에 사담을 나누는 경우가 많다.

- 관계를 중요하게 생각하므로 비즈니스 파트너에게 개인적인 질문을

하는 것이 좋다. 가족, 결혼, 교육 그리고 스포츠가 좋은 주제이고, 정치, 종교, 카스트 제도와 관련된 말은 피한다.

- 직접적으로 거부의사를 밝히는 것이 드물다.
- 인도 사람들은 조화와 존경을 중요하게 생각하므로, 지나치게 요구하거나 강압적인 모습을 보이지 않아야 한다.
- 성급함을 드러내지 않고 항상 침착함을 유지해야 한다.
- 카스트 제도와 가부장적인 문화 때문에 종종 사고관이 다를 수 있다.
- 명함을 건넬 때는 오른손으로 건네야 한다.

✅ 인사 매너

- 일반적으로 'sir', 'ma'am'이라고 호칭하는 것이 가장 안전하다.
- 가족과 가까운 친구들 사이에서 불리는 별명을 가지고 있다.
- 인도에서는 양손을 모으고 약간 절하는 전통적인 인사방법이 있다.
- 외국인과는 보통 악수를 하는 편이다.
- 인도 남자들은 종종 우정의 표시로 서로의 등을 두드린다.

✅ 식사 매너

- 지역에 따라 밥을 선호하기도 하고, 빵을 선호하기도 한다.
- 엄격한 이슬람 교도들은 술을 마시지 않는다.
- 공용 접시에서 음식을 덜어갈 때에는 항상 숟가락을 이용해야 한다.
- 제공하는 것은 무엇이든 거절하지 않고 받는 것이 좋다. 접시에 있는 것을 다 먹지 않아도 좋다.

✅ 복장 매너

- 보수적인 복장을 선호한다.
- 여성의 경우 다리를 노출하지 않도록 주의해야 한다.

✅ 선물 매너

- 보통 첫만남에 선물을 교환하지 않는다. 관계가 발전할수록 선물을 더 자주 교환한다.
- 부정하다고 생각되는 왼손으로만 선물을 받으면 안 된다. 양손으로 선물을 받아야 한다.
- 선물은 받은 자리에서 열지 않는다.
- 선물 포장은 빨강, 파랑 또는 초록색이 좋다.
- 가죽이나 돼지가죽으로 만들어지는 선물은 피하는 것이 좋다.

✅ DO NOT

- 종교적인 이유로 소고기를 먹는 것이 금지되어 있다.
- 다른 사람과 너무 가까이 서 있지 않아야 한다.
- 다른 사람의 머리를 쓰다듬으면 안 된다.
- 검은색은 분노, 악과 부정을 의미하고, 흰색은 장례식이나 애도를 위한 색이라는 것을 고려해야 한다.
- 발이나 신발로 다른 사람을 만지면 안 된다.
- 귀는 신성한 것으로 간주되므로 막거나, 다른 사람의 귀를 잡아당기면 안 된다.

인도네시아
Indonesia

🌐 대륙	👥 인구	📍 수도	💲 통화
아시아 (Asia)	약 260,580,739 (2017 기준)	자카르타 (Jakarta)	루피아 (Rupiah, IDR)

✅ 주요 공휴일

• 신년(1.1), 이슬람교 신년(1.20), 석가탄신일(6.1), 마호메트 승천일 (8.11) 등

✅ 종교 및 신앙

• 이슬람교 86%, 기독교 6%, 가톨릭 3%, 불교 2%, 힌두교 1.8%

✅ 문화 특성

• 인도네시아는 매우 다양한 나라이다. 300개 이상의 민족과 17,500개 이상의 섬으로 이루어져 있다.

- 중국, 유럽, 인도 그리고 말레이시아의 혼합된 문화를 가지고 있다.
- 세계에서 가장 많은 이슬람 교도를 가지고 있지만, 다른 종교도 혼재하고 있다.
- 다양한 사회적 특성 때문에 사람들은 그들의 민족, 가족, 출생지에 따라 자신을 정의한다.
- 가족 구성원들이 전통적인 역할을 하는 경우가 많다.
- 집단의 조화를 중요하게 생각하기 때문에, 누구도 다른 사람을 조롱하거나 기분을 상하게 하면 안 된다.
- 간접적으로 대화하는 경향이 있다.
- 이름과 성을 갖는 것이 점점 더 흔해지고 있지만, 특히 중산층에서 일부 인도네시아인들은 성 없이 이름만 있는 경우가 있다.
- 연장자를 공경해야 한다.

✅ 비즈니스 특성

- 첫 만남의 경우 사업보다는 관계를 구축하기 위한 사담이 진행되는 경우가 많다.
- 인도네시아인들은 성급하게 결정하지 않기 때문에 충분한 인내심을 가지고 비즈니스를 해야 한다.
- 명함은 보통 처음 악수하고 인사를 한 후 교환한다.
- 조용하고 차분한 어조로 대화가 진행되기 때문에 시끄러운 사람들을 선호하지 않는다.
- 간접적인 의사소통방법을 사용하기 때문에 숨은 의미를 찾는 것이 중요하다.

☑ 인사 매너

- 'Selamat'이라고 말하며 악수하는 것이 가장 일반적인 인사이다.
- 많은 인도네시아인들은 악수 후에 약간의 절을 하거나 그들의 심장에 손을 얹을 수도 있다.
- 직위를 말하는 것은 인도네시아에서 중요하다. 알고 있는 경우에는 직함을 붙여서 인사를 건네는 것이 좋다.

☑ 식사 매너

- 음식은 종종 중앙에 두고 공유한다.
- 공식적인 상황에서, 남자는 여자보다 먼저 식사대접을 받는다.
- 음식을 먹거나 건네줄 때 오른손만 써야 한다.
- 자리를 지정받기 전에는 앉지 않는 것이 좋다.
- 음식이 뷔페 스타일로 제공된다면, 보통 손님이 먼저 음식을 뜨는 것이 일반적이다.

☑ 복장 매너

- 비즈니스 복장은 대개 보수적이다.
- 여성은 발목에서 목까지 잘 덮이도록 수수하게 옷을 입어야 한다.
- 꽉 끼는 옷은 피하는 게 좋다.

☑ 선물 매너

- 음식을 선물할 경우 '할랄'제품인지 확인해야 한다. 할랄이 아닌 물품은 알코올 성분이 포함되었거나 젤라틴과 같은 돼지고기를 함유

한 물질이 포함된 경우이다.

- 선물은 오른손으로 주어야 한다.
- 선물은 받은 자리에서 개봉하지 않는다.
- 선물을 빨간색, 노란색, 녹색 또는 밝은 색으로 포장하는 것이 행운을 가져온다고 생각한다.

☑ DO NOT

- 조화를 중요하게 생각하므로 다른 사람을 공개적으로 비난하면 안 된다.
- 할랄이 아닌 제품이나 술을 사전에 말 없이 건네지 않는다.

이란
Iran

대륙	인구	수도	통화
아시아 (Asia)	약 82,021,564명 (2017 기준)	테헤란 (Tehran)	이란 리알 (Rial)

✓ 주요 공휴일

- 이슬람혁명기념일(2.10), 이슬람공화국의 날(4.1), 알리 순교일(7.30) 등

✓ 종교 및 신앙

- 이슬람교 98%(시아파 89%, 수니파 9%), 기타 2%(조로아스터교, 유대교, 기독교 등)

✓ 문화 특성

- 이슬람을 믿는 사람이 많으므로 하루에 다섯 번(새벽, 정오, 오후, 일몰, 저녁) 기도하는 문화가 있다.
- 라마단 기간 동안 새벽부터 해질 때까지 금식을 한다.

- 외국인은 라마단 기간을 지킬 필요는 없지만 공공장소에서 술을 마시거나 담배를 피우면 안 된다.
- 라마단 기간 동안 일반적으로 일이 느리게 진행된다.
- 여성가족에 대해 조금 더 사적인 개념을 가진다. 이란의 남성들은 아내나 다른 여성 친척들이 외부의 영향으로부터 보호받아야 한다고 생각하기 때문에 그에 대한 질문을 하는 것은 부적절하다.
- 이란인들은 겸손해 보이려고 노력한다. 종종 이를 위해 자신의 성취를 과소평가하여 이야기하므로 이를 고려해야 한다.
- 이란은 자존심이 굉장히 강한 민족이다. 특히 역사적으로 아랍민족의 침략을 많이 받았고, 이슬람 시아파가 94%나 되는 절대다수이기 때문에 아랍민족과 동일시하는 것에 대해 좋아하지 않는다.
- 이슬람 이전의 페르시아 문화에 대한 자부심이 강하므로, 페르시아 문화에 대해 칭찬하는 것이 좋다.

✅ 비즈니스 특성

- 이란 정부의 내수산업 육성 및 자국산업 보호정책으로, 수입품에 대한 엄격한 규제를 시행 중이다. 이는 2012년 7월, 이란 정부가 수입품을 10개의 범주로 분류하고 10등급(사치품 및 불요불급한 완제품)에 대해서 수입을 제한하고 있다.
- 통상적으로 이란 비즈니스맨들의 경우 시간개념이 없어 약속시간에 수십 분은 의례적으로 늦는 경우도 많다.
- 약속을 잡는 데 시간이 소요되니 사전에 시간을 넉넉히 가지고 약속을 잡는 것이 좋다.

- 이란인들은 종종 협상전략으로 시간을 사용하는데, 당신이 시간적 압박을 받고 있다는 것을 알리지 않도록 조심해야 한다.
- 개인적인 인사나 일반사항에 대한 이야기를 회의 중에 하는 경우가 많다.
- 개인적인 이익보다는 공동의 이익, 즉 사회, 기업, 가족 등의 이익을 중시하는 경향이 있으므로 협상에 임할 경우 개인적인 면보다는 공동의 이익에 대해 이야기하는 것이 더욱 설득력이 있다.
- 개인적인 관계가 사업에 영향을 미치는 경우가 많으므로 관계형성에 노력을 기울여야 한다.

☑ 인사 매너
- 악수가 흔한 인사법이다.
- 친한 사이에서는 같은 성별에 한정하여 키스를 하는 경우가 있다.

☑ 식사 매너
- 이란인들과 식사할 때에는 소리내지 말고 음식을 천천히 먹어야 한다.
- 집주인이 먼저 수저나 포크를 들고 난 후에 식사를 시작해야 한다.
- 식사 시 이란 사람들은 사회적 이슈에 관해 대화하는 것을 좋아하기 때문에 사회적 이슈를 미리 준비하고 식사에 참여하는 것도 좋은 방법이다.
- 식사초대를 받은 경우, 초대하는 측이 무안해 하지 않는 범위 내에서 몇 번은 사양하는 것이 좋다.

✅ 복장 매너

- 이란은 이슬람 율법이 지배하는 나라로 외국인(여성)의 경우도 히잡을 써야 하며, 상의는 종아리까지 오는 길이로 엉덩이를 가려야 하며 바지도 헐렁한 것을 입어야 한다.
- 남성의 경우도 반팔은 허용되나 반바지는 허용되지 않는다.
- 요즘은 덜하지만, 이슬람혁명 이후 넥타이 매는 것을 금지하기 때문에 법원이나 관공서에 출입할 경우 외국인이라도 넥타이를 풀어야 한다.

✅ 선물 매너

- 이란인은 공공장소에서는 거의 선물을 받지 않으며, 다른 사람에게 오해를 일으킨다며 불쾌해 할 수도 있다.
- 사람에 따라 선물을 절대 안 받는 경우도 있으므로 사전에 주변 사람들을 통해 충분히 알아보는 게 좋다.
- 간단한 선물로는 인삼차나 태극문양이 들어간 부채, 한국문화가 깃든 소규모 장식품 등이 좋다.
- 집에 초대받았을 때는 보통 꽃이나 과자를 선물로 가져가며, 선물을 건넬 때는 항상 약소하다고 말한다.
- 선물의 내용도 중요하지만 포장 또한 중요하다.

✅ DO NOT

- 돼지고기 및 술의 반입은 절대 불가하므로 주의가 요망되며, 내국인의 경우에는 음주 적발 시 벌금형 또는 태형에 처해질 정도다.

이라크
Iraq

🌐 대륙	👥 인구	📍 수도	💲 통화
아시아 (Asia)	약 39,192,111명 (2017 기준)	바그다드 (Baghdad)	이라크 디나르 (Iraqi DInar, IQD)

✅ 주요 공휴일

- 신년(1.1), 국군의 날(1.6), 바그다드 해방기념일(4.9), 이라크 독립기념일(10.3) 등

✅ 종교 및 신앙

- 이슬람교(97%: 시아파 60%, 아랍계 수니파 20%, 쿠르드계 수니파 15% 등 기타), 기독교 등 기타 3%

✅ 문화 특성

- 이라크 사람들은 가족과 명예를 가장 중요하게 여긴다. 어떠한 잘못

이든 온 가족에게 수치심을 안겨주기 때문에, 가족들은 그들의 행동에 대해 그들의 구성원들이 책임을 지게 한다.

- 이라크인은 손님 접대를 즐기며, 첫 대면에도 점심이나 저녁을 초대하는 경우가 더러 있다.
- 집으로 초대받았을 경우 간단한 선물을 준비하는 것이 좋다.
- 이라크의 치안상황이 일거에 좋아질 수 없는 만큼 철저한 안전대책 없이 바그다드 시내는 물론 위험한 시 외곽지역으로의 여행은 사실상 불가능하다.
- 이라크는 바트당 독재를 거치면서 세속주의적 통치를 겪었기 때문에 이슬람 색채가 약한 편이다.

☑️ 비즈니스 특성

- 이라크인들은 약속시간 관념이 다소 불분명하다. 약속을 준수하지 않은 것에 대해 따지거나 화를 낼 경우 오히려 역효과가 날 수 있으니 인내심을 가지고 진행하는 것이 좋다.
- 납치가 기승을 부리고 테러위험이 높아지면서 경찰이나 타인에게 이름 이야기하는 것을 매우 꺼리며 모르는 사람과는 명함도 교환하지 않으려 한다.
- 직접적인 대면접촉을 통해 상담을 진행하는 것이 비즈니스 성공의 필수적인 조건이다. 이라크인은 사람 만나는 것을 좋아하므로, 정기적으로 상대방을 방문해 친분을 쌓아두는 것이 비즈니스에 유리하다.

✅ 인사 매너

- 제일 흔한 인사는 악수이다.
- 같은 성별의 친한 친구들은 서로의 뺨에 키스하며 인사할 수도 있다.
- 오른손을 들어 인사하는 법은 멀리 있는 사람에게 손바닥을 상대방이 보도록 앞으로 하고, 보통 머리 높이까지 들어서 한다. 이때 손을 들어 인사하면서 입으로 인사말을 건넬 수도 있다. 이런 인사는 말을 타고 지나가거나, 앉아 있을 때 지나가는 사람에게도 할 수 있는데 이때 손을 좌우로 흔들 수도 있다.

✅ 식사 매너

- 왼손은 불결하다고 여기기 때문에 음식을 먹거나 음료수를 마실 때는 오른손만 사용한다.
- 신발을 벗어야 하는지 확인하고 행동한다.
- 식사시간 동안 업무에 대해 논의하지 않는 것이 좋다.
- 만약 식사가 바닥에 있어서 앉아야 할 경우 절대 발이 식사가 세팅되어 있는 부분에 닿지 않도록 한다.

✅ 복장 매너

- 일반적으로 서구적인 비즈니스 복장을 한다.
- 남성의 경우 짙은 색의 정장을 입는 것이 좋다.
- 여성의 경우 조금 더 보수적인 경향이 있지만 현대적 복장의 직장 여성이 많은 편이다.
- 수니파 여성들은 히잡(Hijab)으로 머리 혹은 머리와 어깨만을 가리

고 다니고, 시아파 여성들은 검은색 차도르(Chador)를 두르고 다니는 경우가 있다.

✅ 선물 매너

- 집에 초대받은 경우, 과자 한 박스, 초콜릿 또는 과일 바구니가 선물로 좋다.
- 아이들을 위한 선물을 준비하는 것이 좋다.
- 선물은 두 손으로 건넨다.
- 일반적으로 받은 자리에서 개봉하지 않는다.

✅ DO NOT

- 이라크 내에서 대중교통을 포함한 일반 택시 및 렌트 차량을 이용하는 것은 대단히 위험하다.
- 상대방에게 신발의 바닥이 보이도록 앉는 것은 상대방을 모욕하는 행위로 간주되므로 주의해야 한다.
- 처음 보는 여성에게 악수를 권하거나 신체적 접촉을 하는 것은 무례한 것으로 간주된다.
- 미국과 전쟁 후 이슬람 종파 간 갈등이 새롭게 증폭됐기 때문에 소속 이슬람 종파(수니파, 시아파)를 묻는 것은 금기사항 중 하나이다.
- 납치가 기승을 부리고 테러위험이 높아지면서 경찰이나 타인에게 이름 이야기하는 것을 매우 꺼리며 모르는 사람과는 명함도 교환하지 않으려고 한다.

아일랜드
Ireland

🌐 대륙	👥 인구	📍 수도	💲 통화
유럽 (Europe)	약 5,011,102명 (2017 기준)	더블린 (Dublin)	유로 (Euro, €)

✅ 주요 공휴일

- 신년(1.1), 세인트 패트릭 데이(3.17), 세인트 스티븐 데이(12.26) 등

✅ 종교 및 신앙

- 가톨릭교 93%, 개신교 3.4%, 아일랜드교 2.8%, 유대교 0.06%

✅ 문화 특성

- 아일랜드어(게일어)와 영어 둘 다 공식언어로 사용하고 있다.
- '술집'문화가 활성화되어 있다. 여기서의 '술집'문화는 이웃, 친구, 가족뿐만 아니라 낯선 사람들과 교류하는 중요한 만남의 장소로 이

용된다.

- 문화를 서면과 구두 형식으로 귀중하게 보관한다.
- 표현의 다양성을 중시하고 존경한다. (ex. 고대 켈트전통을 이어 가기 위해 전통악기를 연주하도록 배움)
- 가톨릭교가 대부분의 학교와 병원 등에서 나라 전반에 걸쳐 중요한 역할을 하고 있다.

✅ 비즈니스 특성

- 비즈니스 무결성, 협업 및 책임감을 보여주는 것이 그들에게 신뢰감을 준다. 따라서 좋은 의사소통과 공정한 실천을 통해 능력을 보여주는 것이 바람직하다.
- 비인간적이고 공격적인 사업전략은 오히려 마이너스이다.
- 자신의 성공을 자랑하거나 지배적인 행동은 부정적인 효과를 낳는다.
- 초면일 경우에 만나기 전 자신의 회사와 제안을 먼저 소개하는 것이 좋다.
- 사회사업행사에 초대된다면, 자기 나라에서 와인이나 기념품을 가져오는 것이 적절하다.

✅ 인사 매너

- 가장 흔한 인사는 악수이다.
- 가까운 친구들과 가족들 사이에서 아일랜드 사람들은 서로 볼을 대고 가볍게 포옹을 한다.

- 여자들은 남자와 여자 친구 둘 다에게 키스하고, 남자들은 여자친구 들에게만 키스한다.
- 아일랜드 사람들은 누군가를 맞이할 때 보통 눈을 마주친다.
- 가족을 소개받을 때에는 어른들처럼 나이 든 사람들과 악수하는 것이 관례이다.

✅ 식사 매너
- 식탁 위에 팔꿈치를 올려놓지 않는다.
- 음식을 먹을 때 큰 소리를 내지 않는다.
- 접시에 있는 모든 음식을 다 먹는 것이 예의 바른 것으로 여겨진다.
- 환호를 표현하기 위해, 대부분의 아일랜드 사람들은 '슬라진'이라고 말할 것이다.

✅ 선물 매너
- 친구 집이나 친척 집에 초대받았을 때, 감사의 표시로 작은 선물 (예: 꽃, 포도주, 초콜릿)을 가져가는 것은 흔한 일이다.
- 선물은 보통 생일이나 크리스마스에 교환된다.
- 선물에 대한 생각은 그 물건의 가치보다 더 중요하게 여겨진다.
- 선물을 받았을 때 대개 열어보는 것이 좋다.
- 고향지역의 고유한 보존식품도 좋은 선택이나, 통조림이나 병에 담아야 한다.

✅ DO NOT

- 아일랜드 출신의 사람들을 '영국인'이라 부르지 말고, 아일랜드를 영국으로 지칭하지 마라. 그 반대도 마찬가지이다.
- 아일랜드 상대를 정형화하는 것을 피하라. 고정관념이나 진부한 것을 피하는 것이 좋다.
- 공격적이거나 지나치게 직접적으로 말하지 않는다. 가식적이고 무례한 것으로 해석될 수 있다.

이탈리아
Italy

🌐 대륙	👥 인구	📍 수도	💲 통화
유럽 (Europe)	약 62,612,461명 (2016 기준)	로마 (Roma)	유로 (Euro, €)

✅ 주요 공휴일

• 신년(1.1), 광복절(4.25), 공화국의 날(6.2), 토리노의 파트론 세인트 (6.24), 세인트 스테판데이(12.26) 등

✅ 종교 및 신앙

• 기독교(80%, 대부분 로마 가톨릭이며 소수의 개신교 및 여호와의 증인), 기타(20%, 이슬람교 등)

✅ 문화 특성

• 유연하고 자신감 있으며 활기찬 의사소통 스타일을 가지고 있다.

- 개인의 명성이나 명예에 큰 비중을 둔다.
- 관계에 깊은 초점을 맞추기 때문에, 광장과 같은 공공장소에서 친목을 다지는 편이다.
- 로마 가톨릭이 사회에 미치는 영향이 꽤 크기 때문에, 일부 이탈리아인들은 일요일에 '미사'라는 행사에 참석한다.
- 가족을 중요하게 생각하기 때문에, 떨어져 지내게 되어도 유대감이 깊은 편이다.
- 노인 가족에 대한 깊은 존경심이 있다.
- 북이탈리아와 특히 대도시에서는 개인적이고, 개인적인 성취에 초점을 맞춘다.
- 남이탈리아와 시골지역은 가족 중심적이어서 생활에 직접적으로 깊이 관여한다.
- 남성과 여성은 동등한 권리를 갖고 있지만, 여전히 성 차별적인 기반을 가지고 있어서 남성위주의 사회이다.
- 단정하고 예의 바르게 옷 입는 것을 선호한다.
- 나이 든 사람이 들어올 땐 예의를 갖추는 것이 좋다.
- 남 앞에서 신발 벗는 것은 무례하다고 생각한다.
- 시간엄수는 의무사항이 아니기 때문에 지정된 시간보다 15분에서 30분 늦게 도착하는 것도 허용된다.
- 일반적으로, 나이 든 분이 먼저 방에 들어간다. 남자들은 여자가 처음 방에 들어갔을 때 서 있는 것이 일반적이다.
- 저녁 손님들은 종종 와인, 초콜릿 또는 꽃 선물을 가지고 간다.
- 이탈리아는 유럽의 이주위기에 핵심적인 장애물이 되어왔기 때문에

이 주제에 접근할 때에는 조심스러워야 한다.

☑️ 비즈니스 특성

- 첫인상이 중요하기 때문에 철저히 준비해서 가야 하고, 시간을 엄수하는 것이 좋다.
- 사업에 대한 직접적인 목적의 대화를 하기 전에 기본적인 친교관계 성립이 중요하다.
- 매우 활기찬 비즈니스 미팅을 할 수 있어 관련 없는 주제가 나올 가능성이 높다. 이때는 인내심을 갖고 기다리는 것이 좋다.
- 협상이 성사될 것으로 기대하고 고압전술을 사용하여 더 빠른 결정을 내리는 것은 효과가 없을 것이나, 설득은 가장 잘 작용하는 방법일 수 있다.

☑️ 인사 매너

- 일반적인 인사는 직접 눈을 마주치고 미소 지으며 나누는 악수이다.
- 악수를 할 때 손을 포개 맞잡는 형태는 피한다.
- 잘 알고 있는 사람에게 인사할 때에는 양 볼(왼쪽부터)에 키스하는 것이 일반적이다.
- 나이 든 이탈리아인들은 'Signore'나 'Signora'와 같은 단어를 사용하면서 공손한 방식으로 연설하는 것을 선호한다.

☑️ 식사 매너

- 주인이나 주최자가 앉기 전에 그들을 기다리고, 그들이 식사를 시작

하자는 표시를 할 때까지 기다린다.

- 만약 식탁 위에 빵이 있다면, 메인 코스가 시작되기 전에 빵으로 배를 채우지 않는다. 빵은 코스 사이에 음식의 이물감이나 소스를 제거할 때 사용한다.
- 손을 무릎 위에 올려놓거나 테이블에 앉아 팔을 뻗는 것은 부적절하다.
- 팔꿈치를 식탁 위에 올려놓는 것도 예의에 어긋난다고 여겨진다.
- 식사가 끝날 때까지 식탁을 떠나지 않는다.
- 식사 중에 물이나 와인 이외의 음료를 마시는 것은 매우 드물다.
- 만약 누군가가 더 많은 와인을 원하지 않는다면, 일반적인 관습은 와인 잔을 거의 가득 채워두는 것이다.
- 걸어다니면서 식사하는 경우 무례하다고 여겨질 수 있다.
- 이탈리아 문화에서 아침식사는 큰 의미가 없고 가끔은 거르기도 한다.

✅ 복장 매너

- 장소와 용무에 적합한 의복 착용을 중시하는 문화를 가지고 있으므로 미팅에는 반드시 정장차림으로 참석한다.
- 단정하고 예의 바른 차림새를 선호한다.

✅ 선물 매너

- 선물을 받았을 때 개봉한다.
- 선물을 장식적이고 아름다운 것으로 포장하는 것은 좋으나, 검은색이나 보라색으로 포장하는 것은 피한다.
- 칼이나 가위는 선물하지 않는다.

- 술을 제외하고는, 특정한 나라의 특산품을 주는 것이 이탈리아인에게는 좋지 않을 수도 있다.
- 선물에 얼마가 들었는지 분명하게 알려주는 것은 나쁜 취미로 여겨진다.
- 만약 꽃을 준다면, 국화는 죽음을 상징하고 장례식에서 사용된다는 것을 숙지하자. 노란색 꽃은 질투, 빨강은 사랑, 열정 또는 비밀을 나타낸다.

☑ DO NOT

- 이탈리아의 범죄, 부패, 마피아 또는 이탈리아의 제2차 세계대전 개입에 대한 일반화된 논평을 피하라.
- 나이 든 이탈리아인들과 함께 있을 때 가톨릭 교회나 교황에 대해 농담하지 않는다.
- 이탈리아 음식을 비평하거나 개선을 위해 바꿀 수 있는 방법을 제안하는 것을 삼간다.
- 이탈리아 문화, 사람들 또는 국가에 대한 비판을 피하라.
- 지중해의 모든 국가들이 같다고 가정하지 마라.
- 대화할 때 이탈리아 문화에 대한 고정관념을 표출하지 마라.

이탈리아(Italy) — 피사의 사탑

일본
Japan

 대륙	 인구	 수도	 통화
아시아 (Asia)	약 126,910,000명 (2016 기준)	도쿄 (Tokyo)	엔 (¥)

✅ 주요 공휴일

- 설날(1.1), 건국기념일(2.11), 추수감사절(11.23), 천황 탄생일(12.23) 등

✅ 종교 및 신앙

- 신도 52.3%, 불교 42.2%, 기독교 1.1%, 기타 4.3%

✅ 문화 특성

- 조화를 중시하기 때문에 의견이 다르더라도 공개적으로 반대하거나 의견을 말하지 않는다.
- 겸손하고 부드러운 대인관계를 중요시한다.

- 그들의 자부심과 동료의식을 보호하기 위해 의도적으로 자제력을 가지고 행동한다.
- 개인들은 스스로를 자율적인 사람으로 보기보다는 그룹의 일원으로 인식한다.
- 사람들의 직업생활에 대한 참여, 근면, 성과에 큰 중점을 둔다.
- 겸손, 명예, 극단적인 정치성을 존중한다. 사적이고 인내심이 강하며 사려 깊다.
- 일본 사람들은 대부분 사회적 전통의 일부로 일본 관습에 참여한다.
- 가족에 대한 소속감과 충성심이 크다.
- 일본인들은 대화하는 동안 종종 미소를 짓고 고개를 끄덕인다. 이것은 체면을 지키기 위한 예의에서 비롯된 것이며, 그들은 당신이 말하는 것을 완전히 이해하거나 동의한다는 게 아니라는 것을 기억하라.

✅ 비즈니스 특성

- '협조성'을 중요하게 생각하기 때문에 회의나 의견교환 과정에서 상대의견을 존중하면서 자신의 의견을 주장하되 상대방의 의견을 묵살하면 안 된다.
- 개인플레이보다 팀플레이를 중시한다.
- 업무적인 미팅이나 세일즈를 위해서는 반드시 누군가의 소개가 필요하고, 예약 없는 면회는 거절당하기 쉽다.
- 비즈니스 매너와 룰을 중시하기 때문에 자신과 자사에 대한 신뢰를 사전에 구축할 필요가 있다.
- 시간을 중요시하기 때문에 약속시간보다 최소 5~10분 전에 도착해

야 한다.

- 반드시 사전약속이 필요하고, 방문기업에 대한 기초조사는 필수적이다.
- 대화하는 동안 확신을 많이 심어주는 것이 좋다.

✅ 인사 매너

- 일본인 사업가를 절대 이름으로 부르지 않는다.
- 가벼운 인사는 허리를 약간 구부리고 머리를 살짝 숙여주는 것, 사업적으로 인사할 땐 허리를 약 30도 정도 구부려서 인사하는 것이 좋고, 가장 공손한 인사는 약 45도로 낮춰서 인사하는 것이다.
- 다른 사람보다 오래 인사하는 것은 존경이나 겸손을 나타낸다.
- 인사법이 철저한 나라이기 때문에 상대에 따른 인사법을 알아두는 것이 좋다.
- 여성이 다리를 꼬는 것은 부적절하며 남성은 무릎이나 발목을 꼬는 것으로 해야 한다. 책상다리 시 한쪽 발목을 올리는 것은 실례이다.
- 초대나 제안을 수락하기 전에 약간 거절하거나 주저하는 태도를 취하는 것이 예의 바른 태도이다.

✅ 식사 매너

- 왼손으로 밥그릇을 들고 오른손의 젓가락을 이용하여 먹는다.
- 음식이 입을 향해야 옳은 것이기 때문에, 상반신을 앞으로 숙여서 먹지 않는다.
- '국'을 먹을 때도 젓가락을 사용하여 건더기를 먹은 후 국물은 마시

도록 한다.

✓ 복장 매너
- 주로 차분한 스타일의 정장을 입는 편이고 보수적이다.
- 남자들은 넥타이와 흰색 셔츠를 입고 어두운 색의 정장을 입어야 한다.
- 여자들은 보수적이고 차분한 색상의 옷을 입어야 한다.

✓ 선물 매너
- 선물은 두 손으로 전해준다.
- 선물의 선택과 질에 따라 사람 간의 관계와 존중을 반영하기 때문에 일본에서 중요하다.
- 음식과 음료는 대부분의 경우에 적절한 선물이다.

✓ DO NOT
- 민감한 주제에 대해 직설적이거나 솔직한 태도를 취하지 않는다.
- 목소리를 높이거나 화를 내지 않는다.
- 제2차 세계대전과 같은 민감한 역사적, 정치적 주제에 대해서는 논의하지 않는다.
- 공개적으로 비판하거나 실수를 지적하지 않는다.

카자흐스탄
Kazakhstan

🌐 대륙	👥 인구	📍 수도	💲 통화
아시아 (Asia)	약 17,900,000명 (2016 기준)	아스타나 (Astana)	텡게 (Tenge)

☑️ 주요 공휴일

• 신년(1.1), 나우르즈(3.21~23), 제2차 세계대전 승리의 날(5.9), 쿠르반 나이트(매해 다름), 독립기념일(12.16) 등

☑️ 종교 및 신앙

• 이슬람교 70.2%, 동방정교회 23.9%, 무신론 2.8%, 기타 3.1%

☑️ 문화 특성

• 다민족인 카자흐 민족이 유목민 습성을 그대로 보이고 있어 국민에 대한 서비스의식이 거의 존재하지 않는다.

- 체면문화에 익숙하다.
- 유목민적 생활방식과 문자의 부재로 인하여 그들의 문학은 구전역사에 의지하는 경향이 있다.
- 고급문화에 대한 대중의 이해 자체가 사라져 대중문화만이 만연하게 되었다.
- 서사적인 민요시와 서정시를 낭송하는 전통이 남아 있다.

✅ 비즈니스 특성

- 약속을 일방적으로 취소하는 경우가 많은데 이는 민족성 때문이므로, 미팅약속을 잡을 시 일주일 전부터 공식적인 레터와 전화로 미리 약속을 잡는 것이 좋다. 또한 당일 오전에도 끊임없이 상기시켜 주는 것이 좋다.
- 사업관행은 유럽식에 가깝기 때문에, 일반적으로 첫 대면 시 자연스럽게 악수를 하고, 수차례 접촉 후에는 성보단 이름으로 부르는 것이 좋다.
- 명함은 통상 러시아어와 영어로 제작하면 더 좋으나, 러시아어를 주로 선호하는 편이다.
- 영어보다는 러시아어를 사용하는 사람들이 많다는 것을 참고해야 한다.
- IT시스템이 아직까지는 낙후되어 있기 때문에 대면상담을 더 선호하는 편이다.

✅ 인사 매너

- 악수하는 것이 일반적이며, 가볍게 잡는 것보다는 꽉 잡는 것이 더 좋다.
- 여자의 경우 처음에는 가볍게 말로 인사를 하며, 친한 관계가 되면 서로의 볼을 마주 대고 입으로 '쪽'소리만 내며 인사를 한다.

✅ 식사 매너

- 많은 민족이 살기 때문에 식사를 대접할 때 메뉴 선정에 특별히 신경을 써야 한다.
- 사업 접촉 이후 대부분 만찬으로 이어지며, 만찬 시 양고기 바비큐요리, 보드카, 코냑을 곁들인다.
- 유럽식 식습관의 유입으로 음식을 먹을 때 상대방과 본인의 음식을 철저히 구분한다.
- 상대방 접시의 음식에 동의 없이 손대는 것은 무례하다고 생각한다.
- 찻잔을 가득 따라주는 것은 자신의 집에서 떠나길 바란다는 의미이므로, 더 달라고 요구하지 않는다.

✅ 복장 매너

- 깔끔한 정장이 좋으며, 카자흐스탄 사람들은 외적인 모습으로 상대방의 모든 것을 판단하는 경향이 강하므로 최대한 깔끔한 첫인상을 남기는 것이 중요하다.

✅ 선물 매너

- 일정이 끝난 후 선물을 주거나 교환하는 것이 좋다.
- 고가의 제품을 처음부터 선물하면 오해의 소지가 있으므로 전통적인 선물을 하는 것이 좋다.

쿠웨이트
Kuwait

대륙	인구	수도	통화
중동 (Middle East)	약 4,410,000명 (2017 기준)	쿠웨이트시티 (Kuwait City)	쿠웨이트 디나르 (KD)

☑ 주요 공휴일

- 신년(1.1), 국경일(2.25), 이드 울피트르(6.15~17), 이드 알아드하
  (8.22~25), 이슬람의 설(9.12) 등

☑ 종교 및 신앙

- 이슬람교 85%(수니파 70%, 시아파 30%), 기타(기독교, 힌두교) 15%

☑ 문화 특성

- 공식언어는 아랍어이지만 영어도 널리 사용되고 있다.
- 새벽, 정오, 오후, 일몰, 저녁 등 하루에 다섯 번 기도하는 종교적 관

습이 있다.

- 금요일은 무슬림의 날로 모든 것이 닫혀 있는 날이다.
- 라마단의 신성한 달 동안에 모든 무슬림들은 새벽부터 해질 때까지 단식을 해야 하고 하루 6시간만 일하도록 허락된다.
- 외국인의 경우 공공장소에서 음식을 먹거나 담배를 피우는 행위를 하면 안 된다.
- 라마단 기간 동안에는 상황이 더 느리게 일어난다.
- 인구의 95% 이상이 이슬람 교도이지만 종교적 관용으로 잘 알려져 있다. 따라서 교회는 자유롭게 활동이 가능하다.
- 바티칸과 관계를 맺고 있는 유일한 걸프국가이다.
- 대가족을 이루며, 여성 친척들은 외부의 영향으로부터 보호받기 때문에 다른 여성 친척들에 대해 질문하는 것은 무례하다고 여긴다.

✅ 비즈니스 특성

- 개인적인 관계를 가진 사람들과 거래하는 것을 선호한다.
- 조급함은 문화에 대한 비판으로 여겨지기 때문에 인내심을 가져야 한다.
- 약속관념이 약해서 모든 일을 자기 편의대로 생각하는 경향이 강하다.
- 자신의 실수나 과실을 절대 인정하려 하지 않으며, 변명을 하거나 이를 아예 묵살하는 경우도 있다.
- 체면의식 및 자존심이 강하기 때문에 이를 자극하는 대화는 하지 말아야 한다.
- 외모에 따라 판단하기 때문에 옷을 깔끔히 입는 것이 중요하다.

- 대부분의 사업가들은 저녁 일찍 만나는 것을 선호한다.
- 기도시간에 방해가 되면 회의는 중단될 수도 있다.
- 신뢰와 우정의 분위기가 조성되어야만 논의될 것이다.
- 계급사회여서 많은 회사들이 가족을 중심으로 조직되어 있다.
- 결정이 천천히 내려지는 편이다.
- 요점을 반복해서 말하는 것은 그들에게 진실되게 비춰질 수 있다.
- 제안과 계약은 간단하게 유지되어야 한다.

☑ 인사 매너
- 그들의 문화적 규범에 따라 행동하는 것이 중요하다.

☑ 식사 매너
- 어른들에게 먼저 인사하면서 존경심을 표하라.
- 음식이나 음료에 대한 제안은 어떤 것이든 받아들여라. 환대를 거절 하는 것은 그 사람을 거절하는 것이다.
- 오른손으로만 먹는다.
- 수수한 옷차림을 한다.
- 식사가 끝나면 접시에 음식을 남겨둔다.
- 주인이 서 있으면 식사는 끝난다.

☑ 복장 매너
- 보수적이다.
- 남자의 경우 적어도 첫 만남까지는 가볍고 좋은 품질의, 보수적인 정

장을 입어야 한다.

- 여성들은 노출되거나 꽉 끼는 옷을 입지 말아야 한다. 팔꿈치를 덮는 옷을 입어야 하고 목을 묶어야 한다.

✅ 선물 매너

- 대가족이나 가까운 친구들은 생일, 라마단, 아이드, 메카 등 다양한 기념행사를 위해 선물을 교환할 수 있다.
- 집에 초대된다면 초콜릿, 그릇, 토산품 등이 좋다.
- 만약 남자가 여자에게 선물을 주어야 한다면, 그는 그것이 그의 아내, 어머니, 누나, 또는 다른 여자 친척으로부터 온 것이라고 말해야 한다.
- 확실히 알지 못하는 사람과는 술을 마시지 마라.
- 선물은 받았을 때 개봉하지 않는다.

✅ DO NOT

- 종교적 금기에 벗어나는 행동을 하지 않는다.(돼지고기 및 주류 제공)
- 정치적인 내용과 이스라엘, 쿠웨이트 국왕, 종교에 대한 언급은 하지 않는 것이 좋다.
- 여성 바이어와 미팅을 가질 경우, 악수와 같은 스킨십은 자제하는 것이 좋다. 또한 개인적인 사생활 및 외모에 대한 칭찬은 피하는 것이 좋다.
- 고압 판매전술을 사용하지 않는다.

레바논
Lebanon

🌐 대륙	👥 인구	📍 수도	💲 통화
중동 (Middle East)	약 6,094,000명 (2018 기준)	베이루트 (Beirut)	레바논 파운드 (Lebanese Pound, LBP)

✅ 주요 공휴일

- 신년(1.1), 성 마룬데이(2.9), 성 바르탄데이(2.15), 아이드 올포즈: 라마단 끝, 금강 설날, 아수후라 등(3개 일정 모두 매년 다름)

✅ 종교 및 신앙

- 이슬람교 70%, 기독교 30%

✅ 문화 특성

- 보수적이고 전통을 중시한다.
- 레바논 인구의 95%가 아랍인이다.

- 서구사회보다 더욱 집단주의적이다.
- 사회계층은 계급에 의해 계층화되는데 지위의 많은 차이는 부에 의해 결정된다.
- 명예문화가 있어서 개인과 가족의 명예를 보호해야 한다는 원칙이 있다.
- 종교는 문화의 거의 모든 분야에 영향을 미친다.
- 가족법은 종교 법정에서 다루어지며 개별 가족구성원의 행동은 가족의 직접적인 책임으로 간주된다.
- 레바논 사람들은 그들의 위엄, 명예, 평판을 유지하는 것이 중요하게 생각한다.
- 그들의 환대전통을 자랑스러워한다.
- 레바논에서는 시간엄수가 엄격하지 않다. 사람들은 보통 약속과 회의에 20분 정도 늦는다.

✅ 비즈니스 특성
- 시간에 대해 여유로운 편이나 제시간에 도착하는 것이 좋다.
- 그룹이 크더라도 방에 있는 모든 사람들에게 개별적으로 인사해야 한다.
- 오른손으로만 명함을 받을 수 있다. 왼손은 부정한 것으로 간주되기 때문이다. 또한 바지 뒷주머니에 넣지 않는다.
- 명함을 제시할 때는 오른손만 사용하고, 글씨가 다른 사람을 향하고 있는지 확인하라.
- 회의는 일반적으로 프랑스어, 아랍어 또는 영어로 진행된다. 회의에

도착하기 전에 어떤 언어로 진행될지 물어보는 것이 좋다.

- 사업을 언급하기 전에 사회적 대화를 시작하라.
- 레바논 사람들은 사업과 관계없는 주제를 꺼낼 가능성이 많다. 이때 인내심을 가지고 기다린다.
- 서로 간의 신뢰를 최우선으로 생각하기 때문에 개인적인 관계를 구축하는 것이 필요하다.
- 레바논 사람들은 그들의 동료들이 그들의 개인적인 삶에 관심을 보여줄 때 그것을 매우 고맙게 생각한다.
- 만약 개인적인 관심으로 사업 파트너를 불쾌하게 한다면 관계를 손상시킬 수 있으므로 주의해야 한다.
- 레바논에서 사람들은 계약에 동의하고 신뢰를 바탕으로 그들에게 충실히 하는 것을 선호한다. 레바논 사람들은 보통 구두로 하는 약속을 지킬 것이다.
- 그들의 명예를 보호하기 위해, 아랍 레바논 사람들은 그들이 임무를 완수하는 데 실패했다는 것을 당신에게 직접 말하는 것을 피할 수도 있다. 따라서 그들이 말하는 것에 집중하고, 그들이 말하지 않는 것에도 집중해야 한다.

☑ 인사 매너

- 레바논에서의 인사는 프랑스와 이슬람 아랍문화의 흥미로운 혼합형태이다.
- 마하바(Marhaba)는 감정을 일으키지 않고 할 수 있는 인사이다.
- 레바논 사람들은 누군가를 처음 만났을 때 가족에 대한 질문과 농담

의 교환에 대해 감사한다.

- 만약 남자가 이슬람 여성들에게 인사한다면, 악수하지 않기를 바라는 사람들이 있을 것이다.
- 미소와 악수로 인사하고, 아랍인들은 상대방의 팔꿈치나 팔을 잡아 진심을 나타낼 수 있다.
- 친한 친구들이 서로 뺨을 번갈아가며 세 번 키스하는 것은 흔한 일이다.

✅ 식사 매너

- 어른들께 먼저 인사한다.
- 레바논의 식사예절은 비교적 격식을 갖춘 편이다.
- 어디 앉아야 하는지 듣기를 기다려라.
- 포크는 왼손에 쥐고 나이프는 먹는 동안 오른쪽에 둔다.
- 테이블에서 모든 음식을 먹어본다.
- 2, 3차 추가권유를 받는 것이 좋다. 이는 음식을 충분히 즐기고 있다는 표시일 수 있다.
- 옷차림은 깔끔한 것이 좋다.
- 식사 후 바로 떠나는 것은 좋지 않다.

✅ 복장 매너

- 보수적인 정장을 입는 것이 좋다.

✅ 선물 매너

- 집에 초대받았다면 꽃을 가져가는 것이 관습이다.

- 이슬람 가정을 방문한다면, 그 선물을 여주인보다는 주인을 위한 것이라고 말하는 게 좋다.
- 많은 사람들이 술 선물을 환영한다. 단, 이슬람 교도들은 술을 마시지 않는다.
- 선물을 줄 때 오른손이나 양손을 사용한다.
- 선물은 레바논 사람에게 우정을 나타내므로 물건의 금전적인 비용에는 별로 관심이 없다. 타이밍이 적절한지를 봐야 한다.

✅ DO NOT

- 모욕적이거나 경멸적인 말을 삼가는 게 좋다.
- 대화하는 동안 시간에 너무 쫓기지 않는 편이 좋다.
- 호의를 받아들이는 것을 꺼리지 않는 것이 좋다.

레바논(Lebanon) - 발베크

말레이시아
Malaysia

대륙	인구	수도	통화
아시아 (Asia)	약 32,042,000명 (2018 기준)	쿠알라룸푸르 (Kuala Lumpur)	링깃 (MYR, RM)

✅ 주요 공휴일

• 신년(1.1), 양은성의 생일(6.1), 말레이시아의 날(9.16) 등

✅ 종교 및 신앙

• 이슬람교 61%(국교), 불교 20%, 기독교 9%, 힌두교 6%, 기타 4%

✅ 문화 특성

• 많은 민족, 언어, 종교를 포함하는 다양한 나라이다.

• 숙명론적 세계관을 가지고 있기 때문에 성공, 기회, 불행을 신의 뜻
으로 돌린다.

- 예의와 존중을 다른 사람들보다 우선해야 하는 주요한 도덕적 가치로 인식한다.
- 말레이시아 국민 대다수는 다른 민족집단보다 경제활동에 덜 집중하는 경향이 있어, 야망적 · 문화적 결핍이나 나태함으로 오해받아 왔다.
- 가족 지향적인 경향을 보이며 다른 민족만큼 해외에서 일하지 않고 대신 가족과 가까운 곳에서 사는 것을 선호한다. 또한 노인에 대한 충성과 존경을 중시한다.
- 다문화사회의 구성원들이기 때문에, 주로 공손함과 예절을 중시한다.

✅ 비즈니스 특성

- 시간 엄수가 높은 우선순위는 아니나 지키는 것이 좋다.
- 모든 거래과정을 서면으로 처리하고 기록을 보관해야 한다.
- 그룹 규모가 크더라도 룸에 있는 모든 사람에게 개별적으로 인사해야 한다.
- 말레이시아의 비즈니스 문화는 매우 계층적이다. 선택된 좌석배치는 조직 내 모든 사람의 입장을 반영하기 때문에 반드시 존중해야 한다.
- 왼손은 부정한 것을 뜻하므로 양손 또는 오른손만 사용하여 명함을 받는다. 또한 즉시 치우지 말고, 주의 깊게 고려한 다음 모든 사람이 앉을 때까지 테이블 위에 놓는다. 제시할 때도 마찬가지이다.
- 비즈니스에 대해 언급하기 전에 사회적 대화를 잠깐 나누어라.
- 상급자에게 의견 묻는 습관을 들이는 게 좋다.
- 인내심을 가지고 협상을 진행하는 게 좋다.
- 정오 기도시간에 맞춰 계획을 세우는 게 좋다.

- 화를 내거나 공격적인 태도를 취하는 것은 좋지 않으므로, 외교적이고 사적인 방법으로 다루어져야 한다.
- 말레이시아인의 제안을 즉시 거부하지 않는다.

✅ 인사 매너

- 대부분의 말레이시아 사람들은 서양식 방법을 알고 있어서 주로 악수를 한다.
- 남성과 여성 사이의 신체적 접촉은 모든 상황에서 허용되지 않는다.
- 한 무리의 사람들에게 인사할 때, 가장 나이가 많은 사람이 먼저 인사를 받아야 한다.
- 고령자에게 인사할 때에는 존경의 표시로 눈을 낮춘다.
- 인도인들은 같은 성별의 사람들과 악수를 한다. 이성에게 소개되었을 때, 고개를 끄덕이고 웃는 것으로 충분하다.
- 공식적인 인사는 두 손을 상대방의 오른손으로 뻗어 자신의 손 사이에 놓는 것이다. 그리고 나서 개인은 작은 절을 하고 그들의 심장에 오른손을 얹는다.

✅ 식사 매너

- 칼은 사용하지 않고, 종종 손으로 음식을 먹는 편이다.
- 말레이시아 사람들은 음식을 먹거나 서빙하기 전에 항상 손을 씻어야 한다.
- 오른손은 음식을 먹고 다른 사람에게 음식을 제공하기 위해 사용해야 한다.

- 만약 식당에서 손님이 음식을 주문한다면, 주인은 일반적으로 모든 음식을 주문한다.
- 식사가 끝날 때 접시에 적은 양의 음식을 남기는 것은 음식이 배부르고 만족스럽다는 것을 의미한다.
- 식사 중에 걷는 것은 나쁜 에티켓으로 여겨진다.
- 말레이시아계: 손이나 숟가락과 포크로 먹는 것은 흔한 관습이다. 일반적으로 돼지고기는 피한다.
- 중국계: 일반적인 식사도구는 숟가락과 포크 혹은 젓가락이다. 젓가락은 그릇에 두거나 수직으로 놓지 않는다. 이것은 애도기간 중 향에 관한 관습을 상기시키기 때문에 불운으로 여겨진다.
- 인도-말레이시아계: 숟가락이나 손으로 먹는 것은 흔한 일이다. 대부분의 인도인들은 쇠고기가 들어간 음식은 먹지 않을 것이다.

✅ 복장 매너
- 긴 팔 와이셔츠에 넥타이 차림, 일반적으로 정장차림
- 중요한 행사 시 바틱으로 만든 전통의상을 입기도 함

✅ 선물 매너
- 선물은 존경의 표시로 두 손으로 주고받는다.
- 선물을 받기 전에 받는 사람은 처음에는 거절하는 것이 예의이다.
- 받는 사람이 선물을 받고 싶어 하지 않는다는 표시가 있는지 주의해서 보아라. 말레이시아는 사람들이 친절함과 친절함을 되돌려주어야 할 도덕적 의무를 느끼게 하는 보답의 문화를 가지고 있다.

- 선물은 받을 때나 주는 사람 앞에서 바로 열지 말아야 한다.
- 말레이시아인에게 선물로 돈을 주지 않는다.
- 칼이나 가위는 관계의 단절을 나타내므로 선물로 주지 않는다.
- 말레이시아계: 돼지가죽으로 만든 선물이나 술을 담은 선물을 하지 않는다.
  - 개나 돼지의 형상이나 모양을 가진 선물은 부적절하다.
  - 만약 음식이 제공된다면, 그것이 할랄 기준에 맞게 준비되었는지 확인하라.
  - 선물의 경우 흰 포장지로 포장하면 슬픔과 죽음을 상징한다. 노란색은 보통 왕족을 위해 남겨두는 색이므로 피해야 한다.
- 중국계: 꽃은 일반적으로 아픈 사람이나 장례식에서 받으므로 좋은 선물이 아니다.
  - 홀수는 불길한 숫자로 간주되므로 짝수로 주는 것이 좋다. 하지만 받는 사람이 셀 수 있는 선물은 절대 주지 않는다.
  - 선물을 검은색, 흰색, 파란색으로 포장하지 않는다. 이 색깔들은 보통 애도와 관련이 있다. 빨간색, 분홍색, 노란색은 행복과 연관되어 있으므로 선물 포장을 위한 좋은 색이다.
- 인도-말레이시아계: 상대가 힌두인 경우에는 가죽제품이나 알코올을 주지 않는다.
  - 만약 당신이 꽃을 준다면, 장례식에서 사용되는 프랑지파니를 피한다.
  - 빨간색, 노란색, 초록색은 행운을 가져다준다고 믿으므로 포장종이로 적절하다. 또한 검은색과 흰색 포장을 피한다.

✅ DO NOT

- 체면을 중시하기 때문에 누군가를 직접적으로 비판하거나, 그들의 실수를 지적하거나 불성실한 칭찬을 하는 것을 피하라.
- 누구에게도 공개적으로 창피하게 해서는 안 된다.
- 나이 많은 사람들 앞에서 분노의 표시를 하거나, 목소리를 높이거나 소리 지르는 것을 피한다.
- 대화 도중 방해하거나 침묵으로 일관하지 않는다.
- 말레이시아나 말레이시아 왕실 가족을 비난하지 않는다.
- 말레이시아에서 인종 간의 관계가 분열되는 주제를 언급하는 것을 피하라.
- 이슬람국가이기 때문에 고기와 알코올 음료는 대부분 금기사항이다.

멕시코
Mexico

🌐 대륙	👥 인구	📍 수도	ⓢ 통화
아메리카 (America)	약 123,166,749명 (2016 기준)	멕시코시티 (Mexico City)	멕시코 페소 (MXN)

✓ 주요 공휴일

• 신년(1.1), 베니토 후아레스 대통령 탄신일(3.21), 독립기념일(9.16), 혁
명기념일(11.20) 등

✓ 종교 및 신앙

• 가톨릭 82.7%, 개신교 1.6%, 여호와의 증인 1.4%, 그 외 개신교파 5%,
기타 1.9%, 무교 4.7%, 미분류 2.7%

✓ 문화 특성

• 가족 구성원을 돕는 것이 그들의 의무이자 책임이라 생각한다.

- 멕시코 사회와 산업은 고도로 계층화되어 있고 수직화되어 있다.
- 계층적 관계를 강조하기 때문에 위계질서가 깨지는 것을 싫어한다.
- '마치스모'(=남성성)을 보여주기 위한 다양한 행동을 한다.
- 멕시코 남성들은 일반적으로 어떠한 것도 그들의 이미지를 더럽히게 해서는 안 된다고 여긴다.

✅ 비즈니스 특성

- 회의 일주일 전에 약속을 재확인한다.
- 멕시코에 도착하면 다시 회의를 재확인하고, 가급적 회의시간에 맞춰 도착하는 것이 중요하다.
- 초기 미팅은 형식적이고, 회의는 사전예고 없이 연기될 수 있다.
- 모든 필기자료를 영어와 스페인어로 제공한다.
- 멕시코 사람들은 지위의식이 있기 때문에 항상 협상팀에 임원인 사람이 있어야 한다.
- 협상과 결정이 오래 걸리므로 인내심을 가져야 한다.
- 마감은 유연하고 유동적인 것으로 여겨진다.
- 협상에서 가장 좋은 제안을 먼저 하지 마라.
- 협상팀에 변호사를 포함시키지 마라.
- 악수가 첫인상을 결정하므로 적당한 힘을 실어 악수를 해야 한다.

✅ 인사 매너

- 여자들은 악수하기보다 서로의 오른쪽 팔뚝이나 어깨를 두드린다.
- 남자들은 누군가를 잘 알게 될 때까지 악수를 한다.

- 상대방의 기분을 맞춰주는 인사치레의 말을 매우 즐겨하기 때문에 고마움을 자주 표현해 주는 것이 좋다.

✅ 식사 매너

- 장소에 30분 늦게 도착하는 것이 좋다. 정시나 일찍 도착하는 것은 부적절하다고 생각한다.
- 먹을 때는 항상 손을 보이게 한다. 손목을 탁자 모서리에 둔다.
- 식사를 마친 후에는 갈래가 아래를 향하고 손잡이가 오른쪽을 향하도록 나이프와 포크를 접시 위에 놓는다.
- 초대받아 어디에 앉아야 하는지 말할 때까지 앉지 않는다.
- 여주인이 식사를 시작할 때까지 식사를 시작하지 않는다.
- 남자들만 건배를 한다.
- 식사 후 접시에 음식을 남겨두는 것이 예의이다.
- 후루룩 소리를 내며 먹지 않는다.

✅ 복장 매너

- 유럽에서 입는 것처럼 옷을 입는다.
- 남자들은 보수적인 어두운 색의 정장을 입어야 한다.
- 여자들은 정장이나 수수한 옷을 입는다.

✅ 선물 매너

- 꽃이나 사탕 같은 선물을 가져가는 것이 좋다.
- 선물 포장은 특별한 규정을 따르지 않는다.

- 메리골드는 죽음을 상징하기 때문에 주지 않는다.

- 빨간 꽃은 부정을 내포하고 있으므로 주지 않는다.

- 흰 꽃은 기운을 북돋워준다고 여겨지기 때문에 좋다.

- 선물은 받는 즉시 개봉하고, 열광적으로 반응해 주는 것이 좋다.

✅ DO NOT

- 잘못을 인정하지 않는 문화이기 때문에 잘못이 있더라도 추궁하지 않아야 한다.

- 자존심을 상하게 하는 언행을 삼간다.

네덜란드

Netherlands

대륙	인구	수도	통화
유럽 (Europe)	약 17,104,737명 (2017 기준)	암스테르담 (Amsterdam)	유로 (Euro, €)

주요 공휴일

- 신년(1.1), 킹스데이(4.27), 국가기념일(5.4), 오순절(부활절 7주 후), 세인트 스테판데이(12.26) 등

종교 및 신앙

- 가톨릭 32%, 신교 25%, 기타 5%, 무교 38%

문화 특성

- 군주제는 나라를 통일하는 데 중요한 역할을 해왔다고 여기기 때문에 광범위한 지지를 받는다.

- '질서지향적'이다.
- 전국적인 행사나 스포츠 행사 중에 네덜란드 왕실의 색깔인 오렌지 색 옷을 입기도 한다.
- 관용성, 개방성, 수용성을 높게 평가한다.
- 정교한 복지제도가 있다.

✅ 비즈니스 특성

- 시간약속에 대한 관념이 철저하기 때문에, 늦을 시 미리 전화해서 양해를 구하는 편이 좋다.
- 방문을 위한 약속은 2주~1달 전에 미리 잡아놓는 것이 일반적이다. 그 후에 구체적인 것은 메일로 보내는 것이 일반적이다.
- 네덜란드인들은 여름(7, 8월)은 대부분 휴가이기 때문에 이 시기를 피해서 미팅약속을 잡는 것이 좋다.
- 장기간의 휴가가 잦기 때문에 연락이 잘 안 되거나 의사결정에 시간이 걸리는 점이 있다.
- 문제가 발생했을 시 솔직하게 이야기하는 것이 중요하다.
- 비즈니스차 방문할 시 사전정보를 조사해 가는 것이 좋다.
- 회의 중 시간을 낭비하는 것을 좋아하지 않는다.
- 제안서를 논의할 때, 구체적인 사실과 증거를 제시할 수 있어야 한다.
- 3시간까지 지속될 수 있는 오찬회의를 선호한다.
- 지나치게 예의 바른 언어와 관습이 불필요하다고 생각한다.

✅ 인사 매너

- 머리를 끄덕이면서 악수를 한다.
- 누군가 손을 흔들면 주머니에서 손을 빼는 것이 좋다. 오른손으로 악수를 하면서 왼손을 주머니에 넣는 것은 무례한 행동이다.
- 네덜란드인 대부분은 가족이나 가까운 친구들 간에 이름만 사용한다.
- 아이들을 포함한 모든 사람들과 개별적으로 악수를 한다.
- 초대받을 때까지 기다렸다가 이름을 부른다.
- 전화통화할 때는 전화하는 사람, 받는 사람 모두 대화를 시작하기 전에 이름을 먼저 말하는 것이 예의이다.

✅ 식사 매너

- 식사하는 동안 포크는 왼손, 나이프는 오른손에 잡는다.
- 앉으라고 말할 때까지 서 있는다.
- 식사를 마치지 않았다면 포크로 나이프와 포크를 접시 중간에 교치시켜 놓는다.
- 여주인이 식사를 시작할 때까지 식사를 시작하지 마라.
- 접시에 있는 것은 다 먹는 것이 좋다. 네덜란드에서는 음식 낭비하는 것을 좋지 않게 생각한다.
- 식사가 끝날 때까지 식탁 위에 손을 두는 것이 예의이다.

✅ 복장 매너

- 넥타이는 공식적인 행사 등에 참여할 경우에 매고, 일반적으로는 정장차림을 하는 것이 좋다.

- 네덜란드인들도 외국인에 대해서는 복장에 따라 그 사람의 신분을 판단하는 경향이 있으므로 신경 써서 입는 것이 좋다.

✅ 선물 매너

- 집에 초대되었을 때 고품질의 초콜릿 한 상자, 화분에 심은 식물, 책 또는 꽃을 주는 것이 좋다.
- 비즈니스 미팅 시 선물은 주고받지 않는 것이 일반적이다.
- 꽃은 홀수로 주어야 하지만, 13은 주어서는 안 된다.
- 하얀 백합이나 국화는 장례식과 연관되어 있기 때문에 피한다.
- 선물은 잘 포장되어 있어야 한다.
- 저녁식사에 초대된다면 와인은 좋은 선물이 아니다.
- 칼이나 가위 같은 뾰족한 물건들은 불길한 것으로 여겨지기 때문에 주지 않는 것이 좋다.
- 선물은 받았을 때 개봉한다.

✅ DO NOT

- 소수민족이나 대안적인 생활방식에 편협함을 보이는 것을 피하라.
- 수입이 어느 정도인지 물어보는 것을 삼가는 것이 좋다.
- 거만하게 행동하거나 허세 부리는 것을 삼가라.
- 강력한 정당성 없이 네덜란드 왕실을 비난하지 않는다.

뉴질랜드
New Zealand

🌐 대륙	👥 인구	📍 수도	💲 통화
오세아니아 (Oceania)	약 4,790,000명 (2017 기준)	웰링턴 (Wellington)	뉴질랜드달러 (NZD)

☑ 주요 공휴일
- 신년(1.1), 와이탕기 데이(2.6), 여왕의 생일(6.6), 노동절(10.24) 등

☑ 종교 및 신앙
- 기독교 약 51% 및 여러 종교 산재

☑ 문화 특성
- 단체와 함께 식사할 경우 술을 한 잔씩 사는 것은 흔한 일이다.
- 누군가의 월급, 재산, 몸무게 또는 나이에 대해 직접적인 질문을 하는 것은 무례하다고 여겨질 수 있다.

- 사람들 앞에서 침 뱉는 것은 무례하다고 여겨질 수 있다.
- 누군가를 건방지게 부르거나 소리치는 것을 무례하다고 여긴다.
- 시간엄수를 중요하게 생각하기 때문에 늦을 시 미리 양해를 구하는 것이 좋다.
- 마오리족에게
  - 전통적인 마오리 만남의 장인 마라에 들어가기 전에 항상 허가를 구해야 한다.
  - 만남의 집안에서 음식섭취를 삼간다.
  - 마오리의 복수는 '마오리스'가 아니므로 주의한다.
- 마오리족은 전체 인구의 15%를 차지하는 뉴질랜드 토착민이다. 많은 문화가 현대화되었지만 여전히 전통문화가 유지되고 있다. 집단 주의 성향이 강하고 가족지향적이다.

✅ 비즈니스 특성

- 호주와 유사한 프로토콜을 따른다.
- 미팅 약속을 미리 잡고, 미팅의 목적이 무엇인지도 사전에 알려주는 것이 좋다.
- 시간을 가급적 엄수하는 것이 좋다.
- 비즈니스 논의를 시작하기 전에 사회적 대화로 분위기를 이끄는 것이 좋은데, 이때 사생활을 침해하지 않는 선에 한에서만 대화를 한다.
- 모든 것이 잘 관리되고 컨트롤되고 있다는 인상을 주어야 한다.
- 뉴질랜드 사람들은 일반적으로 핵심을 고수하고 있다.
- 현실적인 수치를 제시하는 것이 좋고, 윈-윈 시나리오를 강조하는

것이 좋다.

- 하급자들과 자주 상의하기 때문에 의사결정과정이 느릴 수 있다.

✅ 인사 매너

- 악수가 일반적이다.
- Mr, Mrs 등은 공식적인 경우에 사용하며, 일반적으로는 First Name 만 부른다.
- "kia ora"(key-or-rah)는 감사에 대한 정중한 인사로 일종의 인정의 표시이기도 하다.
- 마오리는 신성한 존재로서 서로 인사한다. 이 인사는 일반적으로 공식적인 마오리 행사를 위한 것이다.
- 마오리는 손님들이 방문할 때도 불교식 환영의식을 행한다.

✅ 식사 매너

- 서구인들은 가족 중심적 생활에 익숙하기 때문에 퇴근시간 이후나 주말에 약속 잡는 것은 특별한 경우가 아니면 삼가야 한다.
- 평일 저녁식사를 접대할 경우에도 당일 제안보다는 며칠 전에 초대하는 것이 바람직하다.
- 접시에 적은 양의 음식을 남기거나 다 비우는 것이 좋다.
- 식사가 끝난 뒤 치우는 것을 돕겠다고 말하는 것이 좋다.
- '마라'에 갈 경우
  - 사찰 후 식사할 때 음식이 나올 때까지 먹지 말고, 감사의 말을 해야 한다.

– 가끔 노래 불러달라는 요청을 받을 수 있는데, 고국노래를 불러
도 무례하게 생각하지 않는다.

✅ 복장 매너

- 공식행사가 아니면 정장을 요구하지 않으며 초대받았을 때에는 공
식 또는 비공식 여부를 확인하는 것이 좋다.

✅ 선물 매너

- 업무상으로는 선물 주는 것을 삼간다.
- 일반적으로 특별한 날에만 주는 것으로 인식되어 있다.
- 선물은 받았을 때 개봉한다.
- 방문할 시 초콜릿이나 와인 선물이 좋다.
- 선물받는 사람들은 높은 금액의 선물을 기대하기보다 주는 사람의
관심사가 선물에 반영되어 있다고 본다.

✅ DO NOT

- 뉴질랜드 사람들과 호주 사람들을 혼동하지 않는다.
- 칭찬을 지나치게 많이 하면 어색해지고 당황할 수 있으므로 칭찬을
하지 않는 것이 좋다.
- 뉴질랜드 사람들은 농담하는 것을 좋아하므로, 그들의 농담을 심각
하게 받아들여선 안 된다.
- 다른 사람보다 우월하다는 인상을 주거나 자기과시를 하지 않는다.

(39)

나이지리아
Nigeria

🌐 대륙	👥 인구	📍 수도	💲 통화
아프리카 (Africa)	약 178,500,000명 (2014 기준)	아부자 (Abuja)	나이라 (Naira, NGN)

✅ 주요 공휴일

• 신년(1.1), 민주주의의 날(5.29), 라마단 금식월 종료축제, 희생절(Id el Kabir) 등

✅ 종교 및 신앙

• 헌법상 국교 지정 금지, 기독교 35%(남부), 회교 40%(북부), 원시 종교

✅ 문화 특성

• 대부분은 나이지리아-콩고어로 구성되어 있다.
• 공용어인 영어는 교육, 사업거래 시 공식적인 목적으로 널리 사용되

고 있으나 도시 엘리트 소수에게만 국한되어 있다.

- 헌법은 종교의 자유를 보장하기 때문에, 많은 종교가 산재되어 있다.
- 기독교인들은 주로 남부지방에 살고, 이슬람 교도들은 북부지방에 많이 산다.
- 신, 영혼, 조상숭배를 믿는 토착종교가 전국에 퍼져 있다.
- 주요 기독교인들의 크리스마스와 부활절은 국경일로 인식되고 이슬람 교도들은 라마단, 단식달, 두 명의 아이들을 지킨다.
- 북쪽의 근무시간은 남쪽의 근무시간에 따라 달라지며 무슬림들은 금요일인 그들의 거룩한 날에는 일하지 않는다.
- 나이지리아는 아프리카 대륙에서 슈퍼파워로 여겨지고 그들의 나라를 자랑스러워한다.
- 대가족이 표준이며 사회 시스템의 중추이다.
- 계급사회이기 때문에 나이가 많은 사람일수록 중요 의사 결정권한이 주어진다.

✅ 비즈니스 특성

- 일반적으로 나이지리아 사람들은 외향적이고 우호적이다.
- 사업하기 전에 개인적인 관계를 발전시키는 것을 선호한다.
- 만나는 사람이 격식을 차리지 않을 때까지는 예의 바르고 다소 내성적인 태도를 유지하는 것이 좋다.
- 사업 사례를 제시할 때 과장된 주장을 하지 않도록 한다.
- 팀 구성원들은 회의에서 단결된 모습을 보여주어야 한다.
- 나이지리아인들은 약속을 잘 지키지 않으나 상대방이 약속을 지키

지 않는 것에 대해 매우 불쾌해 하는 경우가 많으므로 가급적 중요한 약속(시간 등)은 잘 지키는 게 좋다.

☑ 인사 매너

- 따뜻하고 환영하는 미소를 가진 악수가 일반적이다.
- 인사절차를 서두르는 것은 무례한 일이다.
- 조심성 많은 무슬림들은 일반적으로 이성과 악수를 하지 않는다.
- 나이가 훨씬 많은 사람을 맞이할 때, 머리 숙여 인사하는 것은 존경과 경의의 표시이다.

☑ 식사 매너

- 다민족사회이므로, 정해진 식사 매너는 없으나 종교나 관습에 따라 맞추는 것이 좋다.

☑ 복장 매너

- 일반적으로 정장을 입는다.

☑ 선물 매너

- 초대되었을 시 과일, 견과류, 초콜릿을 가져다주는 것이 좋고, 꼭 칭찬을 해야 한다.
- 선물은 오른손으로만 주거나 양손으로 주어야 한다.
- 라마단에서는, 이슬람 교도들이 음식과 과일을 선물하는 것이 관습이다.

- 남자가 여자에게 주는 선물은 남자의 어머니, 아내, 여동생, 또는 다른 여자 친척에게서 온 것으로 결코 남자 자신에게서 온 것이 아니라고 해야 한다.
- 선물을 받았을 때 반드시 열어볼 필요는 없다.
- 종이 색에 관한 문화적 금기사항은 없지만 선물은 포장되어야 한다.

✅ DO NOT

- 종교 면에서 기독교인과 이슬람교인의 비율이 약 50:50이므로 종교적인 면만 주의하면 된다.

노르웨이
Norway

대륙	인구	수도	통화
유럽 (Europe)	약 5,353,000명 (2018 기준)	오슬로 (Oslo)	노르웨이 크로네 (Norwegian Krone, NOK)

✅ 주요 공휴일

- 신년(1.1), 성목요일(4.1), 성금요일(4.2), 헌법제정일(5.17), 성령강림절(5.24) 등

✅ 종교 및 신앙

- 헌법상 루터복음교(94%)가 국교, 신앙의 자유 보장

✅ 문화 특성

- 많은 부부가 결혼하지 않고 동거한다. 따라서 결혼여부에 대해 추정하지 않는 게 좋다.

- 여성들은 일반적으로 동등한 대우를 받는다.
- 잔테법: 노르웨이 문화의 중요한 요소인 겸손을 전달한다. 이 때문에 노르웨이 사람들은 모든 사람들이 동등한 입장에 있는 것으로 보려고 노력한다.
- 과시하는 경향이 없고 존중과 상호 의존을 바탕으로 평등주의를 강조한다.

✅ 비즈니스 특성

- 오랜 개인관계를 필요로 하지 않으나, 신뢰하는 사람들과 거래하는 것을 선호하기 때문에 자신과 회사에 대한 정보를 제공하는 것이 좋다.
- 기본적인 비즈니스 스타일은 비교적 비공식적이다.
- 노르웨이 사람들은 자신감 있고 자신감 있는 사업가들을 존경한다.
- 지나친 친근감은 오히려 약점으로 보일 수 있고, 말하는 동안 눈을 마주치는 것은 성실함을 어필하기에 좋다.
- 노르웨이 사람들은 직접적인 의사 전달자이다.
- 그들의 의사소통은 간단하고 사실에 의존한다.
- 그들은 서두르는 것을 좋아하지 않는 보수적이고 신중한 연설가들이다.
- 미팅약속을 잡을 시 예약이 필요하며, 가능한 빨리 예약해야 한다.
- 신뢰성이 중요하기 때문에 시간엄수는 필수적이다.
- 크리스마스 전후의 2주 동안 그리고 부활절 전후의 1주일 동안 인기 있는 휴가기간인 7월과 8월에 회의 일정을 잡는 것은 종종 어렵다.

- 프레젠테이션은 정확하고 구체적이어야 하며 차트, 수치 및 분석이 뒷받침되어야 한다.
- 노르웨이 사람들은 좋은 고객들이나 대량 주문 건에도 할인을 해 주지 않는다.
- 세부적인 것을 지향한다.
- 과도한 판매전략을 피한다.
- 마감일과 약속을 지키는 것은 필수적이다.
- 다른 사람이 말하는 동안 방해하지 말아야 한다.

✅ 인사 매너
- 인사는 악수, 눈 마주침, 미소와 같은 일반적인 것이다.
- 도착하거나 출발할 때는 손을 흔들고 개별적으로 작별인사를 한다.
- 선착순으로 악수한다.

✅ 식사 매너
- 노르웨이 사람들은 시간을 잘 지키는 편이므로 시간을 엄수하는 것이 좋다.
- 사업과 사생활을 분리하기 때문에, 사업이야기는 하지 않는 것이 좋다.
- 포크는 왼손에, 나이프는 오른쪽에 놓고 먹는다.
- 여주인이 식사를 시작할 때까지 식사를 시작하지 않는다.
- 식사 준비하는 것을 도와주거나 식사 후에 청소해 주겠다고 제안하라.
- 복장 규정을 확인하는 것이 좋다.
- 식사를 마친 후에는 갈래가 아래를 향하고 손잡이가 오른쪽을 향하

도록 나이프와 포크를 접시 위에 놓는다.

✅ 복장 매너
- 일반적으로 정장차림이다.

✅ 선물 매너
- 노르웨이인의 집에 초대된 경우, 꽃, 초콜릿, 페이스트리, 와인 또는 수입 술을 여주인에게 가져다주어야 한다.
- 장례식에서 사용되는 카네이션, 백합, 흰 꽃은 주지 않는다.
- 크리스마스에도 화환을 주지 않는다.
- 꽃은 짝수로 주면 안 된다.
- 갓 뽑은 야생화 꽃다발은 언제나 높이 평가된다.
- 선물은 받았을 때 개봉한다.

파키스탄
Pakistan

🌐 대륙	👥 인구	📍 수도	💲 통화
아시아 (Asia)	약 195,400,000명 (2016 기준)	이슬라마바드 (Islamabad)	파키스탄 루피 (Pakistan Rupee, PKR)

☑ 주요 공휴일

- 신년(1.1), 카슈미르의 날(2.5), 파키스탄의 날(3.23), 독립기념일(8.14) 등

☑ 종교 및 신앙

- 이슬람교 96.28%(수니 80%, 시아 20%), 기독교 1.59%, 힌두교 1.6%, 기타 0.53%

☑ 문화 특성

- 이슬람교는 대부분의 파키스탄인들에 의해 실행되고 그들의 개인적, 정치적, 경제적, 법적 삶을 통치한다.

- 이슬람 교도들에 대한 특정한 의무 중 하나는 새벽, 정오, 오후, 일몰, 저녁 등 하루에 다섯 번 기도하는 것이다.
- 금요일은 무슬림의 날이다. 모든 것이 닫혀 있다.
- 라마단의 신성한 달 동안에 모든 무슬림들은 새벽부터 해질 때까지 단식을 해야 하고 하루에 6시간만 일하도록 허락된다. 단식은 먹는 것, 마시는 것, 담배 피우는 것, 또는 껌 씹는 것을 포함한다.
- 파키스탄의 여성들은 사회생활하는 것보다 집에서 일하는 경우가 더 많다.
- 파키스탄의 많은 여성들은 히잡을 쓰는 것보다는 '두파타'라는 덮개를 사용한다.
- 종교적 자유가 있으나 수니파의 영향력이 강하기 때문에 한계가 있다.
- 파키스탄 인구 대부분의 낮은 사회 경제적 조건 때문에, 가족 간의 유대감은 경제적으로 살아남기 위해 필수적이다.
- 전통적으로 파키스탄 가정은 가부장적이다.

✅ 비즈니스 특성

- 파키스탄인의 96%가 무슬림으로 가급적 종교에 관한 논쟁이나 농담은 삼가는 것이 바람직하며, 여자 비즈니스맨은 많지 않으나 여자와 상담할 때 악수를 먼저 신청하는 것은 결례이다.
- 파키스탄은 전통적으로 인도와는 적대적인 관계에 있으므로 인도를 찬미하는 말은 가급적 하지 않아야 한다.
- 파키스탄인이 가끔은 약속할 때 '인샬라'라는 말을 하면서 오른손을 자기의 왼편 가슴 부분에 갖다 대는 경향이 있는데, '인샬라'라는 말

은 좋게 해석하면 자기는 최선을 다하겠다는 의미지만, 나쁘게 해석하면 혹시라도 약속을 지키지 못할지도 모르니(알라신의 뜻이므로) 이해해 달라는 의미이다.

- 대부분의 무슬림 파키스탄 비즈니스맨은 '인샬라'라는 표현을 특별한 의미 없이 사용하는 경우도 많다. 왼편 가슴에 자기의 오른손을 갖다 대는 것은 상대에 대한 신의의 표시이다.
- 제시간에 도착하는 것이 좋다.
- 나이와 신분 순으로 인사를 받기 쉽다.
- 고압전술은 성공하지 못할 가능성이 있으므로 삼간다.
- 신뢰를 중요하게 생각하기 때문에 사전조사를 필수적으로 하는 것이 좋다.
- 전화 대화보다 대면 논의를 더 선호한다.
- 라마단 기간 동안에는 보통 장사를 하지 않는다.

✅ 인사 매너

- 남자들은 서로 악수를 한다.
- 여자들은 보통 껴안고 키스한다.
- 파키스탄 사람들은 인사하는 동안 시간을 내어 그 사람의 건강, 가족, 사업 성공에 대해 물어본다.
- 파키스탄 사람들 사이에서 가장 흔한 인사는 '앗살라무 알라이쿰'이다.
- 파키스탄인은 단지 그들의 오른손을 가슴 위에 올려놓고 상대방이 만지는 것에 익숙하지 않다는 것을 인식하면 가볍게 고개를 끄덕일 수도 있다.

- 힌두교도나 인도인들에게 전통적인 인사는 '나마스테'이다.

✅ 식사 매너

- 시골지역에서는 대부분 바닥에 앉아 무릎 높이의 둥근 테이블에서 식사를 한다.
- 식사도구를 사용하지 않는다.
- 테이블에서 가장 나이 많은 사람이 식사를 시작할 때까지 식사를 시작하지 않는다.
- "배가 부르다"라고 말하는 것은 정중한 행동으로 받아들여진다.
- 오른손으로만 먹는다.
- 사적인 상황에서 제공되는 다과와 차는 정중하게 받아들이는 것이 좋다.
- 왼손으로 먹거나, 서빙하거나, 숟가락으로 떠서 먹는 것은 나쁜 에티켓으로 여겨진다.
- 외식을 하면 한 사람이 모든 식사비를 지불하므로, 식사비를 갚으라고 하지 않고 선물을 사거나 다음에 돈을 지불하는 방식으로 보답한다.

✅ 복장 매너

- 정장이 보통이나, 현지 기후를 감안하여 한여름에는 깨끗한 와이셔츠(긴 팔)에 노타이 차림도 정장으로 인정된다.
- 사적인 자리라도 반바지를 입는 것은 바람직하지 않다.

✅ 선물 매너

- 여주인에게 꽃이나 좋은 품질의 초콜릿 같은 작은 선물을 주는 것이 좋다.
- 남자들은 여자들에게 꽃 주는 것을 피해야 한다.
- 결혼식에서 사용되는 흰 꽃은 사용하지 않는 것이 좋다.
- 알코올을 제안하지 않는다.
- 선물은 받았을 때 개봉하지 않는다.
- 선물은 두 손이나 오른손으로 준다.

✅ DO NOT

- 공공장소에서 파키스탄인을 모욕하지 않는다.
- 개인이 선호하는 정당, 친구 또는 그들의 선택을 비난하지 마라.
- 종교를 비난하거나 비판하지 않는다.
- 파키스탄인을 재촉하거나 서둘러 움직이게 하지 않는다.

파키스탄(Pakistan) – 레인보 레이크

필리핀
Philippines

대륙	인구	수도	통화
아시아 (Asia)	약 106,512,000명 (2018 기준)	마닐라 (Manila)	페소 (Peso)

✅ 주요 공휴일

- 신년(1.1), EDSA혁명기념일(2.25), 바탄의 날(4.9), 니노이 아키노데이 (8.21) 등

✅ 종교 및 신앙

- 로만 가톨릭 81%, 기독교 11%, 회교 5.6%, 기타 종교

✅ 문화 특성

- 가족경영 회사가 많다.
- 필리핀 사람들은 그들이 허용한 행동기준에 따라 살아야 하며 만약

그렇게 하지 않는다면 그들 자신뿐만 아니라 그들의 가족에게도 수
치심을 가져다준다.

- 필리핀 사람들은 특히 공공장소에서 단정하게 옷을 입는 경향이
있다.
- 노인이나 사회적 지위가 높은 사람들에게 존경심을 가지고 대우를
한다.
- 한 가족 내에서, 소유물들은 일반적으로 공동의 것으로 생각하고 공
유된다.
- 많은 필리핀 사람들은 신성 모독과 욕설을 삼가는 편이다.
- 필리핀 사람들이 지정된 시간보다 한두 시간 늦게 도착하는 것은 흔
한 일이다.

✅ 비즈니스 특성

- 업무에 대한 시간엄수는 중요하다.
- 모든 사람들이 어떤 일에 대해 어떻게 느끼는지 확인하는 것을 좋아
하기 때문에 협상은 느리게 진행되는 경우가 많다.
- 회의의 끝은 보통 사회적 대화로 구성되어 있고, 모든 사람이 남아서
회의에 참여하는 것이 중요하다.
- 개인적인 관계는 필리핀 사업문화에서 큰 역할을 한다.
- 개인적인 접촉은 성공에 중요할 수 있다. 따라서 필리핀 사람들은 그
들의 관계에 많은 시간과 노력을 투자한다.
- 필리핀 사람들은 개인 사생활에 대해 많은 질문을 하는 경향이 있다.
이는 개인적인 관계로 발전시키고 싶은 그들의 특성이기 때문에 유

연하게 대처하는 것이 좋다.

- 관계를 깊게 하기 위해서는 가능한 말이 많고 설득력이 있어야 한다.
- 딱딱하고 차가운 모습은 피하되 겸손함을 유지하라.
- 3~4주 전에 예약하는 것이 좋다.
- 상황이 변할 수 있으므로 회의 며칠 전에 재확인하는 것이 좋다.
- 부활절 일주일 전에는 회의 일정을 잡지 않는다.
- 과장된 주장은 피하라.
- 필리핀 사람들은 가능하면 대립을 피한다.
- 필리핀에서 윗사람들이 재킷을 벗지 않는다면 가능한 한 양복재킷을 벗지 않는다.

✅ 인사 매너

- 친밀감 형성을 위해 현지어를 일부라도 사용하는 것이 좋다.
- 거래자의 나이가 많거나 여성인 경우 상대방이 악수를 청하기 전까지 기다려야 한다.
- 필리핀 전통에는 웃어른을 공경하는 의미로, 아랫사람이 웃어른의 손등을 자신의 이마에 갖다 대는 제스처를 하기도 한다.
- 대화 시 문장 끝에 Po(뽀)를 붙이면 정중한 표현이 된다.
- 비즈니스 관계에 있는 상대에게 소개 또는 인사를 건넬 때에는 Mister(Mr.) 또는 Mrs.나 Miss(Ms.)와 함께 성을 부르는 게 좋나.
- 필리핀인들은 사회적 지위에 예민하기 때문에 상대가 의사 또는 변호사 등인 경우 공식적인 호칭을 사용하도록 유의해야 한다.

✅ 식사 매너

- 큰 파티에 초대되었을 때 15분에서 30분 늦게 도착하는 것이 가장 좋다.
- 주인 부인을 여주인이라고 부르지 않는다.
- 옷차림과 외모가 중요하다. 옷을 어떻게 입으냐에 따라 판단을 한다.
- 식당에 들어가거나 음식을 먹기 전에 몇 차례 기다리게 된다.
- 어디에 앉아야 하는지 기다린다.
- 주인이 식사 시작의 신호를 보내기 전까지 먹지 않는다.
- 포크와 숟가락이 전형적인 식사도구이므로, 왼손으로 포크를 잡고 오른손에 있는 숟가락으로 음식을 먹는다.
- 저녁식사 자리에 있을 때 팔에 기대는 것은 무례하다고 여겨진다.
- 다른 사람이 도착하거나 나중에 배가 고플 경우에 대비해 식탁에 음식을 놓고 나오는 것이 일반적이다.

✅ 복장 매너

- 양복 바지에 와이셔츠, 넥타이가 정장으로 통용된다.
- 남성의 경우, 필리핀 전통의상인 바롱(Barong)을 입고 현지 거래처와 미팅을 진행한다면 편안하면서도 상대방에게 친밀감을 줄 수 있다.
- 남자들은 적어도 처음 만날 땐 어두운 색의 보수적인 정장을 입어야 한다.
- 여성들은 보수적인 정장, 치마와 블라우스 또는 드레스를 입어야 한다.
- 여성의 옷은 품질이 좋고 잘 맞추어져 있는 한 밝은 색이 좋다.

- 외모는 중요하지만 방문객들은 옷을 잘 입어야 한다.

✅ 선물 매너

- 선물은 일반적으로 받았을 때 개봉하지 않는다.
- 사람들은 종종 기부자에게 감사하고 선물을 옆에 둔다.
- 꽃을 줄 경우 국화와 백합은 피한다.
- 선물은 우아하게 포장되는 것이 중요하다. 포장지에 대한 색상 제한은 없다.

✅ DO NOT

- 필리핀을 한 나라로서 직접적으로 비판하는 것을 피하라.
- 나이가 많은 사람이나 나이가 많은 사람 앞에서 분노하는 기색을 보이거나, 목소리를 높이거나, 소리 치지 않는다.
- 필리핀 상대방이 사람들의 체형에 대해 솔직한 말을 한다면 화내지 않도록 한다.
- 필리핀 사람들은 자존심이 매우 강하므로 무시하는 태도를 보여선 안 된다.

폴란드
Poland

대륙	인구	수도	통화
유럽 (Europe)	약 38,105,000명 (2018 기준)	바르샤바 (Warszawa; Warsaw)	즈워티(Złoty, 약자 zl 또는 PLN)

✅ 주요 공휴일

• 신년(1.1), 에피파니(1.6), 성모마리아 추정(8.15), 성 니콜라스데이
 (12.6) 등

✅ 종교 및 신앙

• 가톨릭 90%, 신교 · 러시아정교 등 기타 10%

✅ 문화 특성

• 종교는 폴란드 사회에서 중요한 역할을 하며 폴란드 문화와 깊게 얽
 혀 있다.

- 종교적인 휴일은 대부분 국경일로 간주한다.
- 가톨릭은 가장 널리 행해지는 종교이다. 결혼식, 세례식, 장례식, 첫 번째 성찬식과 같은 인생의 중요한 순간들은 종교의 영향을 받는다.
- 폴란드 가족들 사이에서 흔한 또 다른 관습은 얇은 흰 웨이퍼를 잘라서 공유하는 '아미엘라니아 옵플라크리엄'이다. 이것은 보통 크리스마스 때 일어난다.

✅ 비즈니스 특성

- 미팅약속은 최소 일주일 전에 연락해야 한다.
- 도착하고 떠날 때 모두와 악수한다.
- 명함은 공식적인 의식 없이 교환한다.
- 회의를 시작할 때는 잡담이 일반적이다. 이것이 관계 형성과정의 일부이므로 절차를 서두르지 마라.
- 점심과 저녁 모임은 종종 개인적인 관계를 발전시키는 데 사용된다.
- 비즈니스 결정은 계층적 구조이기 때문에 다소 느릴 수 있으니 인내심을 가지고 기다려야 한다.
- 눈을 맞추면서 대화하는 것이 필요하다.
- 유럽 사회는 일반적으로 사생활을 중요시하므로 개인적인 질문을 하는 것은 좋지 않다. 폴란드인은 처음 만난 사람과 프라이버시에 대한 이야기하기를 좋아하지 않는다.
- 통상적으로 업무시간은 오전 8시부터 오후 5시까지이다. 퇴근시간을 엄수하는 편이기 때문에 퇴근시간 무렵에 미팅을 잡지 않는 것이 좋다.

✅ 인사 매너

- 인사는 공손하고 신중하게 한다.
- 초대받을 때까지 이름을 사용하지 않는다.
- 일반적으로 손을 흔들면서 눈을 직접 마주친다.
- 친하거나 좋은 친구인 여성들은 인사할 때 서로 뺨에 세 번 키스를 한다.
- 이름을 부르는 데 적합하다는 표시가 없는 한 사람들의 직함과 성을 사용한다. '팬'(Mr.)은 남자들에게, 여자들에게는 '페니'(Ms.)이다.
- 남성들은 악수하는 것이 일반적인 인사법이다. 이때, 너무 오래 잡고 있지 않는다.
- 여성과 인사할 때 남성은 인사말과 목례를 하며, 악수는 여성이 청할 때(즉 손을 내밀 때)만 한다.
- 여성에 대한 배려 또한 나이나 직급과 무관하게 중요하게 여기기 때문에 연장자 순이 아님을 숙지해야 한다.

✅ 식사 매너

- 폴란드에서 점심은 하루의 주요 식사이며, 2~3시 사이에 먹는다.
- 종교적인 이유로, 몇몇 폴란드 사람들은 금요일에 고기를 먹지 않고 대신 생선으로 대체할지도 모른다.
- 식사할 때에는 밥 먹기 전에 누가 감사의 기도를 할지 잠시 기다리는 것이 예의이다.
- 식사와 함께 술을 제공하는 것은 폴란드의 전통적인 환대이나, 거절할 경우 진심으로 분명히 거절하는 것이 좋다.

- 레스토랑에서는 계산서의 10% 정도를 팁으로 주는 것이 예의이다. 그러나 이것은 의무적인 것이 아니다.
- 손님이 식사 준비하는 것을 도와주거나 식사 후에 청소를 해주겠다고 제안하라.
- 집을 구경하자고 하지 않는다.
- 조금씩 천천히 먹는다.

✅ 복장 매너
- 정장에 넥타이가 일반적이다.

✅ 선물 매너
- 너무 비싼 선물을 하지 않는다.
- 꽃을 홀수로 준다.
- 장례식에 사용되는 노란 국화는 주면 안 된다. 빨간 꽃이나 흰 꽃, 특히 카네이션과 백합을 주지 않는다.
- 선물은 받았을 때 열어보지 않는다.
- 술뿐만 아니라 고급 커피와 향수 같은 선물도 좋다.

✅ DO NOT
- 무례한 발언은 삼가는 게 좋다.
- 우크라이나 사람들과 특히 러시아 사람들에게 지나치게 열광하고 찬사 보내는 것을 피하라.
- 폴란드인 모두가 기독교 신자라고 가정하지 마라.

- 종교 기관이나 신앙에 대해 비판적으로 말하지 않는다.
- 낙태, 동성애자의 권리 또는 약한 마약 복용과 같은 윤리적 문제에 대한 토론을 유발하지 않도록 한다.
- 모든 폴란드 사람들이 공산주의자들을 싫어한다고 생각하지 마라.
- 어린 폴란드 여성들이 외국 남성들이 끌기 쉬운 신부가 된다는 것에 대해 농담하지 않는다.

폴란드(Poland) – 바르샤바

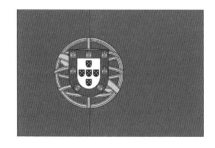

44

포르투갈
Portugal

대륙	인구	수도	통화
유럽 (Europe)	약 10,291,000명 (2018 기준)	리스본 (Lisbon)	유로 (Euro, €)

✅ 주요 공휴일

• 신년(1.1), 세인트 존스데이(3.29), 포르투갈의 날(6.10), 세인트 안토니의 날(6.13) 등

✅ 종교 및 신앙

• 로마 가톨릭교 84.5%, 기타 기독교 2.2%

✅ 문화 특성

• 가족에 대한 충성은 다른 사회적 관계, 심지어 사업보다 우선한다.
• 포르투갈인들은 전통적이고 보수적이다.

- 그들은 서로를 대할 때 격식을 차린다.
- 포르투갈에서 사회적 외모는 특히 도시에서 매우 중요하다.
- 사람들은 패션감각이 있고 옷이 사회적 지위와 성공을 나타낸다고 믿는다.
- 계급을 존중하는 문화이다.
- 사회와 사업은 고도로 계층화되고 수직적으로 구성되어 있다.
- 가톨릭교회와 가족구조 모두 계층적 관계를 강조한다.
- 순위는 중요하고, 윗사람들에게 항상 존경심을 가지고 대해야 한다.

✅ 비즈니스 특성

- 포르투갈인들은 신뢰를 중요시한다.
- 관계를 진전시키기 위해 많은 시간 투자할 것을 기대한다.
- 포르투갈의 비즈니스 동료들이 회의 중 질문이 있을 시 말하는 것을 중단하고 질문을 듣는다.
- 상급자의 말에 기울이고 서면으로 격식을 차린다.
- 시간에 대해 느긋한 태도를 가지고 있으므로 마감일에 대해 중요하게 생각하지 않는다.
- 직접적인 비판을 인정하지 않는다.
- 예약은 필수이며 1~2주 전에 해야 한다.
- 초기 편지는 포르투갈어로 써야 한다.
- 대부분의 포르투갈 사람들은 8월에 휴가를 가기 때문에, 이때 회의 일정을 잡는 것은 바람직하지 않다. 또한 크리스마스와 새해 사이의 주중에는 회의를 계획하지 않는 것이 가장 좋다.

- 5분 늦는 것은 제시간에 하는 것으로 여겨진다.
- 시간엄수는 만나는 사람에 대한 존경심을 나타낸다.
- 북쪽 사람들은 남쪽 사람들보다 대체로 시간을 더 잘 지킨다.
- 프레젠테이션은 철저하게 생각하고 차트와 수치로 뒷받침해야 한다.
- 포르투갈 사람들은 때때로 단기적인 이득에 초점을 맞추지만 장기적으로 사업하는 것을 선호한다.
- 과정이 부진하다고 해서 초조하게 행동하면 안 된다.
- 인쇄물을 영어와 포르투갈어로 제공한다.
- 포르투갈인들은 회사가 아닌 사람들과 협상한다. 협상팀을 변경하지 않는 것이 좋다. 그렇지 않으면 처음부터 다시 시작해야 할 수도 있기 때문이다.
- 계약은 존중된다.

✅ 인사 매너
- 절제되어 있으며 공손하고 정중하다.
- 악수는 눈 마주침과 적절한 인사를 동반하며 한다.
- 남성들은 포옹과 악수를 하고 여성들은 오른쪽부터 뺨에 두 번 키스를 한다.
- 포르투갈 친구가 다른 제안을 할 때까지 공식적인 경우보다는 형식적인 케이스를 사용하라.

✅ 식사 매너
- 초대되면 약속시간보다 15분 전에 도착한다.

- 사적인 상황에서 사업에 대해 논의하지 않는다.
- 만약 당신이 여주인에게 선물을 가져오지 않았다면, 다음날 꽃을 보내라.
- 식사 예절은 격식을 갖춘 것이다.
- 앉기를 요청받을 때까지 서 있는다.
- 항상 손을 보이게 해야 하지만, 테이블에 팔꿈치를 올려놓지 않는다.
- 대부분의 음식에는 과일과 치즈가 포함되어 있다.
- 식사를 마치지 않았다면 포크와 나이프를 접시 위에 교차해 올려두어라.
- 식사가 끝나면 접시에 음식을 남겨두어라.
- 나이프와 포크를 접시 위에 평행하게 놓고 손잡이를 오른쪽을 향하게 하여 식사를 마쳤음을 나타낸다.

✅ 복장 매너
- 일반적으로 정장차림을 한다.

✅ 선물 매너
- 초대받았을 시 꽃, 좋은 품질의 초콜릿 또는 사탕을 준다.
- 주최자가 선호하는 와인을 알지 못하는 한 와인을 가져가지 않는다.
- 13송이의 꽃은 피하라. 불운한 것으로 여겨진다.
- 백합이나 국화는 피한다.
- 빨간색은 혁명의 상징이기 때문에 빨간 꽃을 주지 않는다.
- 선물을 받으면 그 자리에서 개봉하여 선물 준 사람에게 보여주어야 한다.

45

루마니아
Romania

대륙	인구	수도	통화
유럽 (Europe)	약 19,581,000명 (2018 기준)	부쿠레슈티 (Bucharest)	레우(Leu) (숫자 앞에 표기 시 RON으로)

✅ 주요 공휴일

• 신년(1.1), Easter Day(4~5월 중), 노동절(5.1), 통일기념일(12.1) 등

✅ 종교 및 신앙

• 루마니아 정교회 86.8%, 로마 가톨릭 4.7%, 프로테스탄트 4.7%, 기타
(그레코 가톨릭, 회교 등) 3.8%

✅ 문화 특성

• 지위가 존중되는 계급사회이다.
• 나이나 직위가 가장 높은 사람이 그룹에 유리한 결정을 내릴 것으로

기대한다.

- 루마니아 사람들은 사적인 공간에 대한 강한 필요성 때문에 격식을 차리고 내성적이다.
- 그들은 항상 공손하지만 대가족이나 가까운 친구들 이외의 사람들과는 거의 이름을 부르지 않는다.

✅ 비즈니스 특성

- 루마니아 사람들은 아직도 약속을 크게 중요하게 생각하지 않는다.
- 예약은 필수이며 가급적 서면으로 2~3주 전에 미리 예약해야 한다.
- 모든 상황에서 적절하게 예절 지키는 것을 자랑스러워하고 다른 사람들도 그렇게 하기를 기대한다.
- 시간엄수가 요구된다.
- 회의는 일반적으로 형식적이고 오래된 예의 규칙을 따른다.
- 가장 높은 사람의 허락 없이 양복 재킷을 벗지 않는다.
- 방문의 업무목적보다 사람들과 개인적인 관계를 구축하기 위해 더 노력해라.
- 프레젠테이션은 사실적이고 이해하기 쉬워야 하며, 수치화되어야 한다.
- 과장하거나 과장된 주장을 하지 않는다.
- 루마니아 사람들은 자신들이 듣고 싶어 하는 말을 다른 사람들에게 하는 경향이 있다.
- 대립적인 행동이나 고압판매전략을 피한다.

✅ 인사 매너

- 초기 인사는 악수, 직접적인 눈 마주침, 하루 중 적절한 인사 등 공식적이고 신중한 인사이다.
- 일부 나이 든 루마니아인들은 만날 때 한 여자의 손에 키스를 한다.
- 키스할 때에는 왼쪽 뺨부터 양 볼에 한번씩 두 번 키스하는 것이 좋다.
- 가까운 친구들과 가족들만이 존대명을 덧붙이지 않고 이름을 사용한다.

✅ 식사 매너

- 저녁식사에 초대되면 제시간에 도착하는 것이 좋다.
- 복장은 정장이 좋다.
- 현관에 신발이 있는지 확인하고 있을 경우 정리한다.
- 테이블 매너는 정해진 규약이 있다.
- 좌석배치도가 있으니 언급될 때까지 기다리는 것이 좋다.
- 식사하는 동안 포크는 왼손에, 나이프는 오른손에 쥔다.
- 식사를 시작하기 전에 주인이나 여주인이 "pofta buna"라고 말할 때까지 기다린다.
- 먹을 때는 항상 손이 보이게 한다. 손목을 탁자 모서리에 둔다.
- 점심을 먹을 때 와인 등 주류가 나오지 않으면 대접이 소홀하다는 생각을 한다.
- 거절은 좋은 매너로 여겨지고 심각하게 받아들이지 않기 때문에, 더 이상 먹을 수 없을 경우 거절의 뜻을 전달한다.
- 식사가 끝나지 않았다는 것을 나타내기 위해, 접시에 나이프와 포크

를 교차시킨다.
- 식사를 마친 후에는 갈래가 아래를 향하고 손잡이가 오른쪽을 향하도록 나이프와 포크를 접시 위에 놓는다.

✅ 복장 매너

- 복장은 정장에 남자는 넥타이를 매는 것이 일반적이다.
- 여름에는 양복보다 간편한 복장을 선호해 평상복을 입는 것이 일반적이기는 하나, 비즈니스 상담이나 남의 사무실을 방문할 때는 양복을 입는 것이 예의를 갖추는 것으로 인식된다.

✅ 선물 매너

- 만약 루마니아 사람의 집에 초대받았다면, 꽃, 초콜릿, 또는 수입된 술을 주인에게 가져다준다.
- 루마니아 사람들은 조그마한 것이라도 선물을 주고받는 것이 생활화되어 있다.
- 꽃을 홀수로 준다. 짝수 숫자들은 장례식을 위해 사용된다.
- 장미와 카네이션은 항상 좋다.
- 아이들을 위한 선물은 항상 감사히 여긴다.
- 선물은 받았을 때 개봉한다.

✅ DO NOT

- 국민의 89% 이상이 정교회 신자라고 주장하므로 종교적 축일에 어긋나는 행동을 하면 좋은 관계를 맺으려고 하지 않는다.

- 토요일, 일요일, 휴가 때 전화하는 것에 대해 상당히 불편하게 생각하므로 가급적 근무시간 내에 전화하도록 한다.
- 루마니아 사람들은 대화 도중 제스처를 사용하는 경우가 드물고, 과도한 몸짓을 경망스런 행동이라 생각한다.
- 루마니아 사람들은 자신의 기원이 로마인이라 생각하기 때문에 루마니아를 동유럽으로 분류하는 것을 좋게 생각하지 않는다.

루마니아(Romania) - 펠레슈 성

46

러시아
Russia

🌐	👥	📍	💲
대륙	인구	수도	통화
유럽 (Europe)	약 143,965,000명 (2018 기준)	모스크바 (Moscow)	루블 (Ruble)

✅ 주요 공휴일

- 신년(1.1), 러시아 정교회 신년(1.13), 특수작전부대의 날(2.27), 승리의 날(5.9), 러시아의 날(6.12) 등

✅ 종교 및 신앙

- 러시아 정교(이외 이슬람, 가톨릭, 기독교, 유대교 등)

✅ 문화 특성

- 러시아인들은 그들의 나라를 자랑스러워한다.
- 애국적인 노래와 시는 그들 조국의 미덕을 찬양한다.

- 그들은 그들의 문화유산에 큰 자부심을 가지고 있고 전 세계가 그것을 존경할 것으로 기대한다.
- 러시아 정교회는 거의 천 년 동안 지배적인 종교기관이었고 러시아에서 가장 인기 있는 종교로 남아 있다.
- 사람들은 목에 십자가를 두르고, 집에 종교적인 상징을 두고, 하루 종일 의식적으로 기도를 하며 축복을 한다.
- 결혼하지 않았다면 사각형 탁자 모서리에 앉지 않는다. 그렇게 하면 7년 동안 결혼하지 못한다고 믿는다.
- 실내에서 휘파람 부는 것은 불운을 불러오는 것으로 여긴다.
- 촛불에 불 붙이는 것은 불행을 가져온다고 믿는다.
- 술을 거꾸로 마시면 돈을 '쏟아붓는다'는 뜻이다.
- 우연히 식탁에 소금을 엎지르면 불행이 온다.
- 어린이들을 칭찬하는 것은 잠재적으로 악마의 눈을 소환하는 것으로 생각되기 때문에 불편함을 야기할 수 있다.

✅ 비즈니스 특성
- 러시아인들은 거래를 하는 나라이기 때문에 사람들과 거래하기 전에 개인적인 관계를 오래도록 맺을 필요가 없다.
- 인내는 필수이다.
- 신뢰를 쌓기 위해서는 성실성이 중요하고, 관계를 쌓기 위해서는 신뢰가 필요하다.
- 예약이 필요하며 가능한 한 빨리 예약해야 한다.
- 정부 관계자와의 회의를 주선하는 데는 보통 6주가 걸린다.

- 5월 첫째 주에는 공휴일이 여러 개 있으므로 피하는 것이 좋다.
- 회의시간에 맞춰 도착해야 한다.
- 인쇄된 모든 자료는 영어와 러시아어로 제공한다.
- 회의 주제와 아무런 관계 없는 몇몇의 측면대화들은 회의 중에 진행되는 것이 일반적이다.
- 회의와 협상은 느리다. 러시아인들은 서두르는 것을 좋아하지 않는다.
- 협상팀에 기술 전문가를 포함시키는 것이 좋다.
- 계층은 러시아인들에게 중요하므로 가장 나이 많은 사람이 결정을 내린다.
- 러시아의 중역들은 비슷한 직급의 사람들 만나는 것을 선호한다.
- 러시아인들은 타협을 약점으로 본다. 당신이 양보할 때까지 그들은 협상을 계속할 것이다.
- 러시아인들은 종종 전략으로 시간을 사용한다. 여러분이 시간 압박을 받고 있다는 걸 비즈니스 동료들에게 알리지 않도록 주의한다.
- 고압판매전략을 사용하지 않는다.

✅ 인사 매너

- 전형적인 인사는 눈을 직접 마주치고 악수를 하는 것이다.
- 여자 친구들은 만나면 왼쪽 뺨부터 키스를 한 뒤 번갈아가며 키스한다.
- 오래된 미신은 현관 입구의 문턱에 서 있을 때 악수를 하거나 키스를 함으로써 사람을 맞아서는 안 된다고 충고한다. 이것은 그들과 논쟁하게 한다고 생각한다.
- 사람들은 하루 중 몇 시인지에 따라 적절한 인사를 한다.

• 다른 사람과 악수하려면 장갑을 벗는다.

✅ 식사 매너

• 포도주를 거꾸로 따르는 것은 실례다.

• 남자들이 옆에 앉은 여자들의 술을 따른다.

• 건배를 거부하는 것은 무례한 행동이며, 사람들로 하여금 자신이 말한 것을 말하거나 동의하는 사람을 싫어한다고 생각하게 하여 어색하게 만들 수 있다.

• 제시간에 도착하거나 초대된 시간보다 15분 늦지 않게 도착한다.

• 정장을 입는다. 옷을 잘 입는 것은 상대에 대한 존경심을 보여준다.

• 손님이 식사 준비하는 것을 도와주거나 식사 후 청소를 해주겠다고 제안한다.

✅ 복장 매너

• 격식을 갖추고 있으며 보수적이다.

• 남자들은 정장을 입어야 한다.

• 여성들은 무릎을 덮는 치마에 수수한 색상의 정장을 입어야 한다.

• 구두는 아주 잘 닦여 있어야 한다.

✅ 선물 매너

• 노란 꽃을 주지 않는다.

• 아기가 태어날 때까지 아기에게 선물을 하지 않는다. 그렇게 빨리 하는 것은 불운을 가져온다.

- 러시아인들은 선물을 받았을 때 종종 거절한다. 그것이 작은 것이라 말한 뒤 다시 선물을 주면 대개 받아들여질 것이다.
- 파란색은 친구들의 선물에 좋은 색이다.
- 러시아에서는 카네이션 선물을 주의해야 한다.

✅ DO NOT

- 잘 알려지지 않은 한 러시아, 러시아의 정치, 대통령에 대한 비판이나 의견 제시를 피하라.
- 과거 소련이나 러시아의 실패를 언급하지 마라.
- 러시아가 관련된 전쟁을 언급하지 마라.
- 무례한 저의가 있는 것으로 인식될 수 있는 발언은 하지 않는다.
- 러시아인들은 잘난 체하는 발언에 민감할 수 있다.

사우디아라비아
Saudi Arabia

🌐 대륙	👥 인구	📍 수도	💲 통화
아시아 (Asia)	약 33,554,000명 (2018 기준)	리야드 (Riyadh)	사우디 리얄 (Saudi Riyal, SAR)

☑ 주요 공휴일

- 신년(1.1), Eid al-Fitr(라마단 종료 후 축제기간 6.25~29), Eid al-Adha(9.3~7), 국경일(9.23) 등

☑ 종교 및 신앙

- 이슬람교(수니파 90%, 시아파 10%)

☑ 문화 특성

- 이슬람 사회의 모든 규범의 근원인 코란을 바탕으로 한 샤리아법과 이슬람의 율법이 현실사회에도 그대로 적용되고 있다.

- 무슬림의 다섯 가지 의무인 신앙고백(샤하다), 하루에 5번 예배(살라), 희사(자카트), 단식(사움), 성지순례(하지)를 포함한 이슬람의 계율을 사회규범으로 정하고 이를 전국적으로 엄격히 지키고 있다.
- 이슬람 교도들에 대한 특정한 의무 중 하나는 새벽, 정오, 오후, 일몰, 저녁 등 하루에 다섯 번 기도하는 것이다.
- 음란행위, 매춘행위, 음란물 유포, 음주, 돼지고기 판매, 고리대금 등을 철저히 금지하고 있다.
- 무슬림 외의 타 종교 포교 관련 행위 및 신앙생활을 해치는 가무나 요란한 음악 등도 공식적으로 금지된다.
- 간통죄는 처형, 음주죄는 태형으로 다스리며 이는 외국인도 포함된다.
- 입국 또는 이삿짐 송부 시 술, 돼지고기, 음란물 반입도 철저히 통제한다.
- 라마단은 이슬람력으로 9번째 달로써, 한 달 동안 무슬림은 해가 떠 있는 동안 음식, 음료, 흡연 등이 금지되며, 음악을 듣는 등 가능한 한 모든 감각적 즐거움이 금기시된다.
- 라마단 기간 중에 외국인들도 무슬림 앞에서 음식을 먹거나, 음료를 마시거나, 흡연하는 등 종교생활에 거슬리는 행동을 삼가는 것이 좋다.
- 여성들은 손목과 발목 이상의 노출이 금지돼 있고, 남자들 앞에서 얼굴을 보이지 않는다.
- 외출 시에는 전통의상인 아바야에 머리를 가릴 수 있는 스카프를 하는 것이 사회적 규범이며 외국인 여성도 예외 없이 아바야를 착용해야 한다.

- 기혼 여성에게 말을 거는 것은 아주 큰 문제를 야기할 수 있으므로 이 점을 항상 유념해야 한다.
- 현지의 모든 식당은 남성 독신자석(Single section)과 가족석(Family section)으로 구분돼 있으며, 일부 대형 쇼핑몰의 경우 여성 전용 쇼핑층을 마련해 놓거나 휴일 등의 특정 요일을 Family day로 지정해 남성의 단독 입장을 금지하기도 한다.
- 타인에게 이리 오라고 팔을 뻗어서 손짓할 때, 손바닥이 위를 향하면 모욕적인 표현이기 때문에 손바닥을 아래로 하여 흔드는 것이 좋다.
- 신발이나 샌들의 밑바닥을 상대에게 보여주는 것은 매우 무례한 행동이다.
- 대화할 때 상대방보다 높은 장소(예, 상대방은 계단 아래, 자신은 계단 위)에서 말하는 것 역시 무례한 행동이다.
- 제스처를 취할 때 왼손 사용을 삼가야 한다.
- 앉을 때 다리를 꼬지 않는 게 좋다.

✅ 비즈니스 특성

- 사전약속은 필수적이며 3주에서 한 달 전에 미리 약속을 정하는 것이 바람직하다.
- 오후 시간보다는 오전에 약속을 잡는 것이 좋다.
- 이슬람교의 교리에 따른 삶의 방식을 매우 중요하게 여기므로 하루에 다섯 번 정해진 시간에는 모든 상점들이 일제히 문을 닫고, 회사에서 일하던 사람들도 사원으로 기도하러 간다. 기도시간은 20~30분 내외이므로 미팅시간은 기도시간을 피해서 잡는 것이 좋다.

- 사우디아라비아의 주말은 금요일과 토요일이다. 따라서 회사 방문 등의 약속은 주말을 피하는 것이 바람직하며, 혼동하지 않도록 유의해야 한다.
- 어떤 결정이 이루어지려면 여러 단계의 승인이 필요한 경우가 많으므로 많은 시간과 노력이 요구될 수 있다.
- 사우디아라비아인들은 자신이 잘 알고 믿을 수 있는 사람과 거래하는 것을 중요시한다. 따라서 상대방이 어떤 사람인지 알고 그 사람과 친분을 쌓기 위해 많은 시간 노력을 기울인다.

✅ 인사 매너

- 남성은 악수하는 것이 일반적인 인사법이다.
- 악수할 때 아랍인들은 보통 두 손을 모두 사용한다.
- 왼손은 화장실에서 쓰기 때문에 왼손으로 악수하지 않는 것이 좋으며, 보통 악수할 때나 물건을 주고받을 때는 오른손을 사용하는 것이 좋다.
- 비즈니스 미팅 등에서 상대방이 사우디아라비아 여성이라면 외부남자와의 접촉은 금지돼 있으므로 상대가 악수를 먼저 청하지 않는 이상 악수보다는 간단한 목례나 인사말을 건네는 것이 적절하다.

✅ 식사 매너

- 바닥에 앉는다면 책상다리를 하고 앉거나 한쪽 무릎을 꿇는다.
- 옷이나 플라스틱 시트에서 발을 뗀다.
- 왼손은 부정한 것으로 간주되므로 오른손으로만 먹는다.

- 식사 중엔 대화가 거의 없는 것이 보통이다.
- 식사 전후에 손을 씻는다.
- 손님을 초대했을 때 극진히 대접하는 것을 예의이자 미덕으로 생각하므로 세 번 이상 거절하는 것은 예의가 아니다.

✅ 복장 매너

- 남성의 경우 복장 제한이 없으며 근무나 비즈니스 미팅 시 주로 정장 또는 비즈니스 캐주얼을 착용하면 충분하다.
- 색상은 어두운 색 위주로 착용하는 것이 좋다.
- 여성의 경우 외출, 비즈니스 미팅 등에도 사우디아라비아인, 외국인 여부에 상관없이 검은색 천으로 된 '아바야'를 착용해야 한다. 특히 사우디아라비아 여성이나 아랍 여성의 경우 아바야에 눈을 제외한 얼굴 전체를 가리는 니캅 또는 머리 주위로 얼굴에만 두르는 히잡 등을 착용한다.
- 여성들은 쇄골과 무릎 등을 노출하면 안 되며 몸에 딱 붙는 옷은 삼가는 것이 좋다. 외국 여성의 경우 아바야를 착용하면 얼굴을 드러내는 것은 큰 지장이 없다.

✅ 선물 매너

- 선물문화는 거의 없는 편이다. 특히 뇌물은 이슬람에서 금기시되고 있으므로 첫 방문부터 값비싼 선물을 하는 것은 좋지 않다.
- 추후 친분을 쌓고 특별한 기회가 될 때 작은 선물을 주는 것이 바람직하다.

- 부인이나 자녀들에게는 선물을 삼가는 것이 좋다.

✅ DO NOT

- 사우디아라비아인을 포함한 무슬림들은 개, 돼지, 맹수, 맹금류 등을 먹지 않는다.
- 이슬람식 도축(할랄)이 된 고기만을 먹으며, 술을 권하는 것은 절대로 금지된다.
- 이슬람 외에 타 종교 전파행위를 엄격히 금지하고 있으므로 개신교, 천주교, 불교 등의 종교와의 비교 혹은 전파에 대해 언급하는 것은 삼가야 한다.
- 이스라엘과 교역했다거나 이스라엘 원료를 사용해 만든 물건이라는 등 이스라엘과 관련된 사항은 언급하지 않는 것이 좋다.
- 이슬람교를 비판하는 것은 엄격히 금지되어 있다.

48

싱가포르
Singapore

🌐 대륙	👥 인구	📍 수도	💲 통화
아시아 (Asia)	약 5,792,000명 (2018 기준)	싱가포르 (Singapore)	싱가포르 달러 (SGD)

✅ 주요 공휴일

- 신년(1.1), 베사크 데이(매년 다름), 하이 라야 푸아사(매년 다름), 인종 차별의 날(7.21) 등

✅ 종교 및 신앙

- 불교 33.3%, 기독교 18.3%, 무교 17.0%, 이슬람교 14.7%, 도교 10.9%, 힌두교 5.1%, 기타 0.7%

✅ 문화 특성

- 사람들 앞에서 침을 뱉거나 거짓말하는 것은 눈살을 찌푸리게 하는

동시에 불법이다.

- 부부 간의 공개적인 애정표현은 일반적으로 부적절하다고 여겨진다.
- 싱가포르에서는 시간엄수가 필수적이다. 늦는 것은 기다리는 사람에 대한 존경심의 부족을 보여준다.
- 노인들은 항상 최고의 존경과 예의로 대우를 받는다.
- 싱가포르는 중국, 말레이시아, 인도의 전통이 서부 세계적 대도시의 외관 아래 공존하는 다문화 사회이다.
- 침묵은 싱가포르 의사소통의 중요한 요소이다.
- 질문에 응답하기 전에 일시 중지하는 것은 질문을 적절하게 고려하고 그들의 응답을 신중하게 고려했음을 의미한다.
- 그들은 질문에 성급하게 반응하는 서양문화를 이해하지 못하고 이것이 생각이 부족하고 무례한 행동을 나타낸다고 생각한다.

✅ 비즈니스 특성

- 업무상 상대방을 방문해야 할 경우, 미리 방문 사유, 일정 등을 조율하고 확답을 받은 후 방문해야 하며, 시간엄수는 필수적이다.
- 회의는 일반적으로 형식적이고, 신중하며, 느리게 진행된다.
- 왼손은 부정한 것으로 간주되고 오물 제거 및 청소에 사용되므로 양손(또는 오른손만)을 사용하여 명함을 받는다.
- 명함을 제시할 때는 두 손(또는 오른손만)을 사용하고, 글씨가 상대방을 향하도록 한다.
- 말하거나 발표할 때는 적극적인 질문을 장려하고 미소로 질문을 환영해야 한다.

- 싱가포르 사람들은 보통 협상을 하는 데 매우 느리다.
- 주기적인 침묵의 순간들을 채우려 하지 마라.
- 분노 표시를 삼가라.
- 싱가포르 사람들은 사업에서 관계 지향적이다. 그들은 '빠른 거래'를 마무리 짓는 것이 아니라 지속될 동반자 관계의 구축을 선호한다.
- 사람들은 고위 경영진의 의견이나 결정을 거의 반박하지 않는다. 따라서 집단적 합의를 통해 의사결정이 이뤄지는 것으로 보이지만 고위층의 초기 선호도에 따라 결정되는 경우가 많다.

✅ 인사 매너

- 국제적인 비즈니스 도시인 만큼 일반적인 에티켓을 따르면 큰 무리가 없다.
- 중국계의 경우 악수로 시작하는 일반적인 서구식 비즈니스 문화를 가지고 있으며, 목례도 가능하다.
- 말레이 계열의 경우, 여성이 먼저 손을 내밀었을 경우 외에는 이성과 악수하지 않는 것이 일반적이다.
- 인도계의 경우도 이성끼리는 악수보다 고개를 숙이며 인사한다.
- 노인이나 가장 높은 지위를 가진 사람이 먼저 소개된다.

✅ 식사 매너

- 주인에게 모든 음식을 고르게 하는 것은 예의 바른 행동이다.
- 일반적인 도구는 젓가락과 수프 스푼이다.
- 부드러운 트림은 좋은 음식에 대한 감사의 표시로 여겨진다.

- 인종적 다양성을 고려하면, 일부 인종집단은 특정한 고기를 먹지 않는다. 예를 들어, Malays는 전형적으로 돼지고기를 먹지 않고 인도인들은 종종 소고기를 먹지 않는다.
- 접시에 음식을 조금 남겨두는 것은 배가 부르고 식사에 만족했다는 의미이다.

☑ 복장 매너

- 연중 고온다습하므로 간편한 여름 복장이 일반적이다. 와이셔츠, 양복 바지에 넥타이를 매면 정장으로 무난하다.
- 갑작스럽게 비가 내리는 경우가 많으므로 휴대용 우산을 구비하는 것이 좋다.

☑ 선물 매너

- 중국계는 가위나 칼등은 절교를 의미하고 꽃, 시계, 손수건 등도 장례식과 관련된 이미지이므로 피해야 한다.
  선물포장은 빨간색, 핑크색, 노란색이 좋으며, 흰색, 파란색, 검은색 계열은 피해야 한다.
  기본적으로 홀수보다는 짝수를 선호하며 8은 행운이나 재산, 9는 장수를 의미하기 때문에 좋아하는 숫자이다.
- 말레이 계열의 경우 대부분이 무슬림이므로 술을 선물하면 안 되며, 남성이 여성에게 선물할 경우 오해를 사지 않도록 유의해야 한다.
  보통 만날 때보다 떠날 때 선물을 준다.
  흰색은 죽음을 상징하기 때문에 포장으로 좋지 않으며 빨간색이나 녹색을 사용하며, 돼지, 왼손 사용 등에 대한 이슬람 문화권의 기본적인 상식을 이해하고 접근할 필요가 있다.

- 인도계의 경우 집에 초대받았을 경우 반드시 선물을 준비해야 하며, 선물로는 초콜릿이나 인도 과자가 무난하며 소와 관련된 제품 선물은 금기이다.

  흰색이나 검은색보다는 붉은색, 노란색, 녹색, 파란색 등 밝은 원색계열로 선물을 포장하는 것이 좋다.

- 싱가포르 사람들은 다른 아시아 기업 문화만큼 비즈니스 파트너에게 자주 선물을 주지 않는다. 싱가포르에서 뇌물로 해석될 수 있기 때문이다.

☑ DO NOT

- 인종 구성에 대해 묻지 않는다.
- 누군가를 직접적으로 비난하거나, 그들의 실수를 지적하거나 불성실한 칭찬하는 것을 피하라.
- 공개적으로 분노의 표시를 하거나, 목소리를 높이거나, 소리 지르는 것을 피하라.
- 대화 도중 방해하거나 침묵을 채우려 하지 않는다.

싱가포르(Singapore) – 머라이언파크

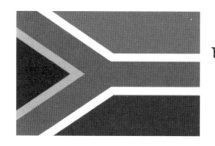

49

남아프리카공화국
Republic of South Africa

대륙	인구	수도	통화
아프리카 (Africa)	약 57,398,000명 (2018 기준)	프리토리아(Pretoria), 케이프타운(Cape Town), 블룸폰테인(Bloemfontein)	랜드 (Rand, ZAR)

✅ 주요 공휴일

- 신년(1.1), 자유의 날(4.27), 청년의 날(6.16), 헤리티지 데이(9.24), 친선 의 날(12.26) 등

✅ 종교 및 신앙

- 기독교 79.8%, 가톨릭교 7.1%, 이슬람교 1.5%, 힌두교 1.2%, 토착신앙 0.3%, 유대교 0.2%, 기타 17.1%

✅ 문화 특성

- 하품할 때에는 입을 가려라.

- 사람들 앞에서 침을 뱉는 것은 무례한 짓이다.
- 일부 남아공 민족단체들은 왼손으로 손짓하는 것을 무례하다고 생각할지도 모른다.
- 남아공에서 어른들은 보통 아이스크림이나 길거리 음식 가판대에서 먹지 않는 한 거리에서 먹지 않는다.
- 백인과 아시아계 남아공 사람들은 흑인과 혼혈인 남아공 사람들에 비해 시간을 아주 잘 지키는 경향이 있다.
- 백인 비즈니스맨들과 약속을 잡을 때는 늦어도 일주일 전에 전화(필수), 이메일 또는 팩스를 통해 시간과 장소를 정하는 것이 좋다.
- 남아공 사람들은 사람들은 회의가 어떻게 진행되기를 바라는지에 대한 계획과 구조가 잘 준비되어 있기를 바란다.
- 토론하는 동안 말하는 사람에게 집중하고 예의 바르게 듣도록 한다. 존중이 가장 중요하다.
- 모든 사람들에게 동등한 발언기회를 주면서 특정인에게 호의나 선호를 보이는 것을 피한다.

✅ 비즈니스 특성

- 남아공 비즈니스맨들 중 백인과 아시아인들은 일반적으로 약속을 잘 지키는 편이다.
- 그룹 규모가 크더라도 룸에 있는 모든 사람에게 개별적으로 인사해야 한다.
- 모든 사람에게 동등한 발언기회를 주면서 특정인에게 호의나 선호를 보이는 것을 피한다.

- 협상이 느리게 진행되는 편이다.
- 상생의 결과를 얻는 것은 남아프리카공화국 회의의 이상적인 결과이다.
- 남아공에서 사람들은 처음 만났을 때 본능적으로 서로를 신뢰하지 않는다. 따라서 신뢰 구축을 위해 건전한 사업관계를 맺는 것이 중요하다.
- 계약과 조건은 그들에게 계약이 투명하다는 것을 보장하기 위해 명시적으로 상세해야 한다.
- 고압전술은 피하는 게 좋다.
- 남아프리카공화국 사람들은 사업상의 대립을 가능하면 피하려 하기 때문에, 그들을 의도적으로 자극하거나 눈에 띄게 불편한 행동을 하지 않는다.
- 남아공 사람들의 경우 더 많은 시간과 인내가 필요한 지속적인 사업 접근법을 선호하기 때문에 빠른 이익을 위한 단기적인 해결책에 기초한 전략은 선호되지 않는다.

☑️ 인사 매너

- 남아프리카공화국 사람들에게 눈을 마주치는 악수와 미소는 대부분 좋은 인사로써 충분하다.
- 이성과 악수할 때에는 여자가 먼저 손 내밀기를 기다린다.
- 남아프리카공화국 사람들은 인사 후 사회적 토론에 참여하는 시간 갖는 것을 좋아한다.
- 남아공의 흑인은 자기보다 나이가 많거나 직위가 높은 사람에 대

한 예의를 중요하게 여긴다. 물건을 받을 때도 두 손으로 받으며 너(You)라는 말보다는 Mr, Mrs 등의 호칭을 사용한다.

✅ 식사 매너

- 남아공에는 인도계 비즈니스맨들이 많은데, 이들을 식사에 초대할 경우에는 특별히 주의해야 한다. 인도계 비즈니스맨 중에는 무슬림이 많으므로 사전에 미리 물어보고 식사장소와 메뉴를 정하는 것이 좋다.
- 식사에 초대되면 제시간에 도착하는 것이 좋다.
- 요하네스버그에서는 캐주얼 복장이 선호된다.
- 손님이 식사 준비하는 것을 도와주거나 식사 후 청소를 해주겠다고 제안한다.

✅ 복장 매너

- 다소 딱딱한 느낌을 주는 양복 정장보다는 부드럽고 편안한 느낌을 줄 수 있는 캐주얼 정장이 좋다.

✅ 선물 매너

- 일반적으로 남아프리카공화국 사람들은 생일과 크리스마스에 선물을 준다.
- 선물을 잘 포장함으로써 더 많은 노력을 보여준다.
- 선물은 받았을 때 개봉한다.

⊘ DO NOT

- 남아프리카공화국을 공개적으로 비난하지 않는다.
- 남아공에서의 정치, 인종차별, 폭력 또는 유사한 문제들은 언급하지 않는다.
- 공개적으로 분노를 표현하거나 감정을 통제할 수 없게 되는 것을 피한다.

남아프리카공화국(Republic of South Africa) – 바오바브나무

스페인
Spain

🌐 대륙	👥 인구	📍 수도	💲 통화
유럽 (Europe)	약 46,397,000명 (2018 기준)	마드리드 (Madrid)	유로 (Euro, €)

✅ 주요 공휴일

- 신년(1.1), 성 호세의 날(3.19), 성 이시드로의 날(5.15), 성 알무데나의 날(11.09) 등

✅ 종교 및 신앙

- 국민의 94% 이상 로마 가톨릭 신자(형식적)

✅ 문화 특성

- 어떤 전통들은 종교적인 것이라기보다는 문화적인 행사이다.
- 스페인 사람들은 지중해 문화에서 전형적인 것처럼 외향적이고 친

근한 경향이 있고 그들은 겸손함과 성격을 전문가나 사업의 성공보다 우선시한다.

- 스페인 대부분의 젊은이들은 영어에 능통하거나 적어도 영어를 잘 이해하고 있지만 몇몇 나이 든 사람들은 통역사의 사용을 요구할 수도 있다.
- 스페인 사람들은 자부심이 강하고 다른 사람들이 그들을 어떻게 인식하는지에 대해 매우 신경을 쓰는 편이다.

✅ 비즈니스 특성

- 스페인 사회는 친구(amigo)와 같은 개인적 친분이 중시되며 오랜 기간 거래해 온 공급업체가 있는 수입상들은 단순히 가격조건이 더 좋다는 이유만으로 쉽게 거래처를 바꾸지 않는다.
- 기존 공급선을 보유한 수입상에게 접근할 때는 처음부터 진지하게 신뢰할 수 있는 회사라는 점을 강조해야 하며, 이를 위해 초기 접촉 시 회사 소개 및 연혁 등 바이어가 회사에 대해 이해할 수 있는 자료를 보내는 것이 중요하다.
- 인내심을 가지고 꾸준히 접촉하여 서두르거나 재촉한다는 느낌을 주지 않는 것이 바람직하다.
- 스페인 기업들은 대부분 7월에서 8월 중 한 달여의 휴가기간을 갖는다.
- 많은 스페인 기업들이 금요일에는 오후 3시에 업무가 끝나는 단축 근무제를 시행하고 있고, 월요일에 휴가를 쓰는 경우가 잦기 때문에, 중요한 연락을 기다리거나 미팅을 잡을 때는 월요일과 금요일을 피하는 것이 좋다.

- 스페인의 바이어나 기관을 방문하기 위해서는 반드시 사전에 약속을 잡아야 한다.

✅ 인사 매너

- 스페인에서는 악수, 포옹, 도스 베소스(dos besos) 등의 인사법이 있다.
- 남녀가 악수를 나눌 경우 여성이 먼저 손을 내미는 것이 매너이며, 악수하면서 서로의 눈을 마주치는 것이 좋다.
- 두 번의 키스라는 의미의 '도스 베소스(dos besos)'는 양쪽 뺨을 번갈아 맞대면서 하는 인사법으로, 반드시 입술을 뺨에 댈 필요는 없고 가볍게 쪽 소리를 내는 것이다.
- 또한 승강기에 들어가게 되면 이미 타고 있는 사람에게 가볍게 인사하는 것도 예의이며, 문 입구, 엘리베이터나 화장실 등 좁은 공간에서 만나게 되는 사람들과도 인사를 나눈다.
- 모르는 사람의 인사에 응대하지 않는 것은 상대를 무시하는 것으로 받아들여지므로 같이 인사말을 건네는 것이 바람직하다.
- 회사와 개인의 업적 자랑은 하지 않는다.

✅ 식사 매너

- 스페인 사람들은 식사시간을 매우 중요하게 여기며, 2~3시간씩 이어진다.
- 식사시간에 대화하는 것을 매우 중시하므로 음식에만 집중하지 않도록 유의하고, 적절한 대화주제를 몇 가지 준비해 두는 것이 좋다.
- 웨이터를 소리내어 부르는 것은 예의가 아니며, 반드시 웨이터와 눈

이 마주쳤을 때 살짝 손을 들어 의사표시를 한 후 웨이터가 테이블까지 왔을 때 필요한 사항을 얘기해야 한다.

- 식사시간에는 가급적 양손을 테이블 위에 두되 팔꿈치로 기대지 않도록 하며, 상대방과 속도를 맞추도록 한다.
- 음식을 입에 넣은 채 말하는 것은 예의에 어긋나며 소리내면서 먹는 것 또한 피해야 한다.
- 스페인 사람과 대화 시 손을 이용한 제스처를 할 때, 손에 들고 있던 포크나 칼은 내려놓아야 한다.
- 계산할 때에는 자리에 앉아서 웨이터에게 물어보고 그 자리에서 계산한다.
- 과도하게 술을 권하거나 속칭 '원샷'을 강요하는 것은 무례한 행위로 보일 수 있으므로 주의한다.

✅ 복장 매너

- 스페인 사람들을 포함한 유럽인들은 격식을 중요시여기기 때문에 반드시 정장차림을 하는 것이 좋다.
- 공식적인 만찬이나 사교행사에 초대받았을 경우에는 특정한 드레스코드에 따라 준비해야 한다.

✅ 선물 매너

- 일반적으로 선물을 주고받지 않으며, 구체적인 성약이 이루어지지 않은 상태에서 비싼 선물을 할 경우 상대에게 부담을 주어 오히려 역효과를 낼 수도 있으므로 주의해야 한다.

- 미팅에서의 선물보다 크리스마스, 새해 등의 카드 발송이 오히려 효과적일 수도 있다.
- 비즈니스 파트너의 집이나 별장 등으로 초대받은 경우에는 반드시 선물을 준비하는 것이 좋다. 중저가의 와인이나 꽃, 초콜릿 등을 선물하는 것이 무난하다.

✅ DO NOT

- 프랑코에 대한 평가나 왕실에 대한 의견을 묻는 등의 행위는 자제하는 것이 좋다.
- 카탈루냐 및 바스크 분리주의, 영국과의 지브롤터 영유권 갈등 등 스페인 국내외에서 벌어지는 여러 분쟁 관련 이야기나 스페인 중앙정부와 카탈루냐 자치주 간의 정치적 문제가 얽혀 있는 축구 이야기도 가급적이면 피하는 것이 좋다.
- 개인 신상에 대한 질문을 지양한다.
- 스페인 사람들은 대화 시 끊임없이 몸짓이나 손짓으로 대화를 이끌어 가기 때문에, 주머니에 손을 집어넣고 듣는 행위는 삼간다.
- 미국에서 'ok'라는 의미로 쓰이는 집게손가락과 엄지손가락의 끝을 합쳐 원을 만드는 행동은 스페인에서는 음란한 표현이기 때문에 삼가야 한다.
- 사람을 부를 때는 반드시 손바닥을 아래로 하고 손가락이나 손 전체를 흔든다.
- 공식석상에서 하품이나 트림, 기지개를 펴는 것은 매우 무례한 행동으로 간주된다.

스페인(Spain) – 바르셀로나

스웨덴
Sweden

대륙	인구	수도	통화
유럽 (Europe)	약 9,983,000명 (2018 기준)	스톡홀름 (Stockholm)	스웨덴 크로나 (Swedish Krona, SEK)

☑ 주요 공휴일

• 신년(1.1), 스웨덴 국경일(6.6), 중간고사(6.24), 크리스마스 이브(12. 24) 등

☑ 종교 및 신앙

• 루터교(국교, 88%)

☑ 문화 특성

• 많은 장소들이 '큐 티켓'시스템을 사용하고 있는데, 이것은 당신이 가게에 처음 들어갈 때 기계로부터 번호를 받는 것이다.

- 스웨덴에서는 시간엄수가 필수적이다.
- 스웨덴 사람들은 천성적으로 평등주의적이고 겸손하며 타인이 자랑하는 것을 받아들이지 않는 편이다.
- 여러 가지 면에서 스웨덴 사람들은 다른 사람들의 말 듣는 것을 선호한다.
- 6~8월, 8월 말 그리고 2월 말~3월 초까지 스웨덴 사람들 대부분이 휴가를 보내기 때문에 회의나 사업상 약속 잡는 것을 피한다.

✅ 비즈니스 특성

- 방문 목적이 정확하지 않은 의례적인 미팅약속은 사전에 철저하게 거절하는 관행이 있다.
- 상담약속을 위해서는 최소한 2주 전에 접촉하는 것이 좋다.
- 신용과 진실을 우대하며, 약속 지키는 것을 중요하게 생각한다.
- 스웨덴 사람들은 일반적으로 차분하고 논리적이므로 현지인과 상담 시에는 대화가 논리적이고 설득력이 있어야 하며 너무 소란스럽지 않고 조용하게 대화를 나누는 것이 좋다.
- 업무처리가 신속한 편이 아니고 의사결정을 신중히 하므로 상담 후 회신이 늦더라도 거래를 독촉하는 인상을 주지 않는 것이 좋다.
- 회의가 ㅈ시작될 때 잡담을 거의 하지 않고, 바로 본론으로 들어가는 경우가 많다.
- 의사결정은 대부분 팀 간의 합의에 의해 이루어진다. 충동적인 결정은 드물다.
- 스웨덴 사람들은 매우 자세하게 집중하는 경향이 있고 발표내용에

많은 관심을 기울일 것이므로 세부사항과 정확한 데이터를 제시할 수 있어야 한다.

- 본인과 본인 회사의 업적에 대해 자랑하지 않는다.
- 스웨덴 사업환경에서 여성들을 다룰 때, 스웨덴이 남녀 평등에 중점을 두고 있다는 것을 기억하는 것이 중요하다.

☑ 인사 매너

- 밝게 웃으며 인사말과 함께 악수하는 방식이다.
- 그 외 친한 사이의 경우, 포옹(스웨덴어로 크람, kram)을 하며 반가움을 표시하기도 한다.

☑ 식사 매너

- 식사를 마친 사람은 식기를 접시에 나란히 놓는다.
- 접시에 음식을 남겨두는 것은 실례이다.

☑ 복장 매너

- 크게 구애받지는 않으나 공식석상과 같은 중요한 자리에서는 정장 차림이 요구된다.
- 일반적인 상담 때도 정장차림이 좋으나 불가피할 경우 아주 예의에 어긋나지 않는 차림이면 좋다.

☑ 선물 매너

- 선물은 받았을 때 개봉한다.

- 가족의 일원 중 아이들이 있으면 그들을 위해 선물을 가져오는 것은 흔한 일이다.

✅ DO NOT

- 남녀 차별적인 언동은 하지 않아야 한다.
- 스웨덴이 사회복지정책을 시행하면서 전반적인 제도나 분위기가 사회주의 색채를 띠는 것은 사실이나 대부분의 사람들이 공산주의와 가깝다는 표현에 대해서는 상당한 거부감을 가지고 있다.

타이완
Taiwan

대륙	인구	수도	통화
아시아 (Asia)	약 23,537,000명 (2018 기준)	타이베이 (Taipei)	뉴타이완달러 (New Taiwan Dollar, NWD)

✅ 주요 공휴일

- 신년(1.1), 중국설(양력 2.14), 청명절(4.5), 중추절(9.22), 쌍십절(10.10) 등

✅ 종교 및 신앙

- 불교 35%, 도교 33%, 기독교 2.6%, 천주교 1.3%, 이슬람교 0.2% 등

✅ 문화 특성

- 대만의 인구는 대부분 본토에서 태어났거나 중국에서 태어난 조상을 가진 중국인이다. 대민과 중국 긴의 긴장이 많이 완화되었다.
- 주로 시골마을에 사는 원주민들은 대만에서 가장 특권이 낮은 사회 집단이다.

- 유교신조 때문에 문화가 굉장히 집단적이다.
- 통제되지 않는 과한 행동들은 무례한 행동으로 간주된다.
- 물품과 식품은 양손으로 제공해야 한다.
- 대중교통수단이나 다양한 상황에서 손윗사람을 더 배려하는 문화가 있다.
- 돈은 대만에서 흔히 논의되는 주제이다. 수치에 관계없이 이러한 문제들에 대해 진실을 말하는 것은 일반적으로 불쾌하게 여겨지지 않는다.
- 집에 초대되었을 때 집에 들어가기 전에 신발을 벗어야 한다.

✅ 비즈니스 특성

- 자신을 소개하기보다는 제3자의, 특히 주최자에 의해 소개되는 비즈니스 미팅의 경향이 있다.
- 명함은 일반적으로 처음 소개된 이후에 교환된다.
- 대만 사람들은 사업에 대해 아주 차분하고 사려 깊은 접근을 한다.
- 그들은 자신들의 생각을 부드럽게 말하고 다른 사람이 대답하기를 끈기 있게 기다린다. 만약 그들이 어떤 생각에 동의하지 않는다면, 충돌을 피하기 위한 방법으로 침묵을 지킬지도 모른다.
- 회의를 만족스러운 수준으로 끝내는 것이 시간을 지키는 것보다 더 중요하다.
- 대만의 많은 비즈니스 문화는 시간이 지나면서 육성되고 발전된 관계와 우정을 중심으로 이루어지기 때문에 개인적인 친분을 쌓아두는 것이 좋다.
- 시간엄수가 기대되며 대만은 정해진 시간 내에 마감시간 맞추는 것을 중요시한다.

✅ 인사 매너

- 고개를 살짝 숙여 인사하는 것은 보통 인사의 형태로 받아들여진다.
- 악수는 또한 지인들과 친구들 사이에서 매우 흔하다. 남자들은 대개 여자가 손을 뻗기를 기다린다.
- 가장 나이 많은 사람은 먼저 인사를 받거나 존경심에서 소개를 받아야 한다.
- 어른을 맞이할 때 존경심을 표하기 위해서는 오른손을 왼손 위에 올려놓고 두 손을 가슴에 올린다.
- 많은 대만인들이 사람들을 만날 때 존경의 표시로 땅을 바라보는 것은 흔한 일이다.
- 처음 만나는 사람에게 인사할 때는 격식을 갖춘 직함을 사용한다.

✅ 식사 매너

- 사람들이 식사할 수 있는 순서를 지키는 것이 일반적인 습관이다.
- 순서는 나이에 따라 결정되며, 나이가 가장 많은 사람이 먼저 먹는다.
- 수프 스푼은 일반적으로 음식이 완성되었을 때 접시 위에 놓지 않고 테이블 위에 놓는다.
- 젓가락을 아래로 향하게 하거나 그릇에 수직으로 꽂는 것은 금지되어 있다.
- 식탁 위에 놓인 음식을 먹을 때 얼굴을 그릇에 가깝게 대고 먹는다.

✅ 복장 매너

- 격식 갖춘 정장이 좋다.

✅ 선물 매너

- 선물을 줄 때 타이완 사람들은 거절을 하는 편이다.
- 선물은 받았을 때 개봉되지 않는다.
- 동등한 가치의 선물로 보답하는 것은 흔한 일이다.
- 포장 또한 중요하게 생각하기 때문에 이 부분도 신경 써야 한다.
- 많은 대만인들은 홀수를 불길한 숫자로 여기기 때문에 홀수로 선물 주는 것을 피한다.
- 좋은 음식 바구니나 고급 알코올 병 같은 선물이 좋다.
- 결혼식과 같은 특별한 경우에는 돈으로 가득 찬 빨간 봉투를 주는 것이 바람직하다.
- 대만에서 만들어진 선물은 무례한 것으로 여겨질 수 있으므로 피한다.

✅ DO NOT

- 대만과 중국의 관계에 대한 대만인의 의견을 물어보지 않는다.
- 그들의 견해가 확실치 않다면 대만을 '중국'으로 부르지 않는 것이 좋다.
- 대만인이나 그들의 가족, 사업체, 국가에 직접적인 비난을 하지 마라.
- 대만 사람은 중국 사람들과 똑같은 행동습관을 가졌다고 생각하지 않는다.
- 대만인이 자신을 대만인이라고 생각하는지 중국인이라고 생각하는지에 대한 대만인의 정체성을 결코 바로잡지 마라.

태국
Thailand

대륙	인구	수도	통화
아시아 (Asia)	약 69,183,000명 (2018 기준)	방콕 (Bangkok)	바트 (Baht)

☑ 주요 공휴일

- 신년(1.1), 마카 부차데이(2월), 대관식일(5.5), 여왕 생일/어머니날 (8.12), 왕 생일/아버지날(12.5) 등

☑ 종교 및 신앙

- 불교 94.6%, 이슬람교 4.6%, 기독교 및 천주교 0.7%, 기타 0.1%

☑ 문화 특성

- 연장자가 있는 곳에서 다리를 꼬고 의자에 앉는 것은 불쾌하게 여겨 진다.
- 옷은 종종 사회적 지위의 지표로 사용된다. 수수하고 단정한 옷을 입

는 것이 중요하다고 여겨진다.

- 불교 승려가 여성과 신체적 접촉을 하는 것은 일반적으로 금지되어 있다.
- 오른손은 물건을 주고받을 때 사용한다. 때때로, 양손이 사용되지만 왼손만 사용하는 것은 금기시된다.
- 집게손가락이나 발로 다른 사람을 가리키는 것은 무례하다고 여겨진다.

✅ 비즈니스 특성

- 시간을 철저히 지킨다.
- 최소 1주 전 서면으로 예약한다.
- 첫인사에서 대체로 정중한 대화와 많은 유머가 오가며, 사업적 대화나 그로 인한 성과를 첫 만남에서 기대하긴 어렵다.
- 사업회의 전에 가족, 나이, 취미, 교육에 대한 대화가 일반적인 주제가 되면서 잡담하는 것이 흔한 일이다.
- 오른손이나 양손으로 명함을 주고받고, 카드를 보관하기 전에 자세히 본다.
- 관계는 태국 사업문화에서 중요한 부분이고, 먼저 소소한 대화 없이 사업얘기를 시작하는 것은 무례하고 갑작스러운 것으로 여겨진다.
- 회의 중에, 당신은 당신과 관계 있는 가장 나이 많은 사람에게 연설해야 한다.
- 응답하기 전에 신중하게 고려하는 것이 일반적이기 때문에 침묵시간을 채우지 않도록 한다.

✅ 인사 매너

- 기도하는 자세와 같이 양 손바닥을 합창한 자세로 목례를 한다. "싸

왓디캅/싸왓디카"(안녕하세요)라고 인사하며 일반적으로 손아랫사람이 윗사람에게 먼저 하고, 손윗사람은 같은 자세로 이에 응답한다.

☑️ 식사 매너

- 식사를 끝내고 음식을 약간 남기는 것이 좋다. 이는 자신이 배불리 잘 먹었다는 것으로 받아들여진다.
- 사용한 포크와 숟가락은 5시 25분 방향으로 놓는 것이 좋으며, 식사를 초대받았을 경우 주최자에게 실례가 될 수 있으므로 함께 계산하겠다는 의사표현을 하면 안 된다.
- 공동식탁에서 숟가락으로 음식을 옮기는 것은 무례한 짓이다. 서빙 스푼을 항상 사용해야 한다.
- 식사를 시작할 때마다 접시에 음식을 몇 개씩 담아두는 것은 때로는 욕심이 많은 것으로 여겨진다.
- 식사에 뼈가 들어 있는 경우, 뼈를 숟가락에 뱉어 접시 옆에 쌓아두는 것은 무례한 것으로 여겨지지 않는다.

☑️ 복장 매너

- 주로 긴팔 와이셔츠에 넥타이 차림이지만 인사방문, 리셉션, 세미나 등 격식을 차려야 하는 경우 주로 긴팔 와이셔츠에 넥타이를 착용해야 한다.

☑️ 선물 매너

- 관대함, 후함은 태국의 전통적인 가치 중 하나이므로 태국 사람들 사

이에 선물을 주고받는 문화가 일상적이다.

- 선물을 받았을 때, 그 자리에서 선물을 뜯어보거나 선물의 가치에 대해 언급하는 것은 좋지 않다.
- 값비싼 선물을 받았다고 해서 부담을 느끼고 이에 상응하는 선물을 사서 보답하는 것도 좋은 것은 아니다.
- 포장도 중요한데, 파란색, 검은색, 녹색은 일반적으로 죽음 및 애도와 관련이 있으므로 피한다.
- 받는 사람이 선물을 손상시키는 것은 주는 사람에게 불운으로 여겨진다.
- 돈은 결혼식이나 위임식 파티를 위한 가장 흔한 선물이다.

✅ DO NOT

- 태국 왕실 및 정치 상황에 대한 언급을 삼간다.
- 종교에 대한 모독을 삼간다.
- 태국은 머리는 하늘은 향하고 있기 때문에 신성한 부위이며, 발은 땅을 딛고 있기 때문에 불결한 부위라는 인식을 가지고 있다. 따라서 사람의 머리를 만지는 행위나, 머리 위로 물건을 건네는 행위에 대해서는 큰 거부감을 가지고 있다.
- 발로 사람이나 물건을 가리키는 행동은 무례한 것으로 여겨진다.
- 머리 쓰다듬는 것을 좋아하지 않는다.
- 필요 이상으로 상대방을 오래 쳐다보는 것도 무례한 행동으로 여겨진다.
- 태국 사람의 집에 들어갈 때는 신발을 벗고 문턱을 밟지 않도록 주의한다.
- 공공장소에서 예의를 지켜야 한다.

터키

Turkey

대륙	인구	수도	통화
아시아 (Asia)	약 81,917,000명 (2018 기준)	앙카라 (Ankara)	터키 리라 (TL)

⊘ 주요 공휴일

• 신년(1.1), 노동절(5.1), 승리의 날(8.30), 아타투르크 기념일(11.10) 등

⊘ 종교 및 신앙

• 이슬람교 99.8%(수니파 다수), 기타 0.2%(개신교, 천주교 및 유대교)

⊘ 문화 특성

• 강한 이슬람교의 역사를 가지고 있지만 공식적인 종교로는 제거되었고 종교적 제휴의 가시적인 표시는 제한되었다.

• 여러 제한적인 제도가 있어왔지만 이슬람교에 대한 존경은 여전히

있다.

- 이슬람 교도들에 대한 특정한 의무는 새벽, 정오, 오후, 일몰, 저녁 등 하루에 다섯 번 기도하는 것이다.
- 터키에서는 시행되지 않지만 금요일은 무슬림의 날이다.
- 라마단의 거룩한 달 동안에 모든 무슬림들은 새벽부터 해질 때까지 금식해야 한다. 금식은 먹는 것, 마시는 것, 담배 피우는 것, 또는 껌 씹는 것을 포함하지 않는다.
- 법적으로 인정되지는 않지만, 알레비스는 터키에서 가장 큰 종교적 소수집단인데, 라마단 기간에는 금식하지 않지만, 무하람의 열흘 동안은 단식을 한다.
- 노인이 방에 들어오면 서 있는 것이 예의이다.
- 코를 크게 풀지 않는다. 많은 터키인들은 코를 풀지 않고 코를 찡그린다.
- 누군가와 이야기하거나 공식적인 자리에서 껌을 씹는 것은 매우 무례한 행동이다.
- 발바닥을 다른 사람에게 보여주는 것은 부적절하다. 책상 위에 발을 올려놓거나 다리를 꼬지 않는다.
- 여자들이 남 앞에서 다리를 꼬는 것은 예의에 어긋난다고 여겨진다.
- 엄격하게 따를 필요는 없지만 불가피한 조치가 아니라면 왼손을 사용하지 않는 것이 좋다.

✅ 비즈니스 특성

- 터키인들은 그들이 알고 존경하는 사람들과 거래하는 것을 선호하

기 때문에 개인적인 관계를 확립하는 데 시간을 보낸다.

- 예의 범절은 모든 사업상 거래에 있어서 중요하다.

- 방문 목적과 무관하게 보일 수 있는 많은 질문들로 인해 토론이 천천히 시작될 수도 있다. 동료들에게 요점을 말하라고 요구하는 것은 아주 무례한 짓이다.

- 그의 가족에 대해 꼬치꼬치 캐묻지 말고 물어봐라. 아이들에 대한 질문은 환영한다.

- 예약은 필수이며, 1주에서 2주 전까지 전화로 예약하는 것이 좋다.

- 많은 터키인들은 7월이나 8월에 휴가를 간다. 그래서 그 시간에 약속을 잡지 않는 것이 가장 좋다.

- 시간을 지키는 것이 좋다.

- 비즈니스에 대한 성공은 명확하게 요약되고 잘 제시된 제안서와 결합된 효과적인 개인적 관계를 구축하는 능력에 의해 결정된다.

- 의사결정이 느려질 수 있다. 당신은 그룹에서 가장 나이가 적은 사람들과 먼저 만나서 협상할 가능성이 높다.

- 마감일이나 압력전술은 터키인들이 그들의 이익을 위해 사용할 것이고, 협정을 취소하거나 협상을 끝내겠다고 위협함으로써 전술을 뒤집을 것이므로 사용하지 않는다.

✅ 인사 매너

- 사람들은 일반적으로 악수로 인사한다.

- 친구들과 가족들은 일반적으로 상대방의 뺨에 한두 번 키스를 한다.

- 권위 있는 사람에게 인사할 때에는 살짝 인사하거나 고개를 끄덕이

는 것이 예의이다.

- 여성들은 오직 다른 여성들에게 신체적으로만 인사할 수 있다.
- 전문적인 직함을 가진 사람들은 그렇게 불러주는 것이 좋다.
- 터키 사람과 대화를 끝내는 것은 보통 시작하는 것보다 더 어렵다. 작별인사를 하면서 대화를 다시 시작하는 경향이 있기 때문이다.
- '앗살라무 알라이쿰'이나 '나슬스느즈' 중 하나로 인사한다.

✅ 식사 매너

- 일반적으로 앉아서 식사하는 것을 선호하기 때문에, 하루 종일 간식을 먹거나 이동 중에 음식을 먹는 경우는 드물다.
- 터키 사람들은 꽤 느리고 편안한 속도로 먹는 경향이 있다. 담배를 피우고 다음 요리로 넘어가기 전에 몇 잔의 술을 마시기 위해 코스 사이에서 멈추는 것은 흔한 일이다.
- 터키식 환대의 일환으로, 그들은 여러 번 음식을 제공하는 경향이 있고 여러분이 여러 번 식사를 하도록 유도한다.
- 터키인들이 칼 없이 숟가락과 포크를 사용하는 것은 정상이다.
- 오른손으로 모든 음식을 다룬다. 왼쪽은 청소와 관련이 있으며 음식을 전달하거나 제공하는 데 사용되어서는 안 된다.
- 식사 중에 코를 풀거나 이를 쑤시지 않는다.
- 항상 테이블 밑에 발을 숨기고 있는다.
- 잔을 다시 채우기 전에 비워야 한다. 이슬람 관습과 관련이 있기 때문에 반쯤 찬 유리잔은 채우지 않는다.

✅ 복장 매너

- 공식적인 방문이나 미팅 시에는 대부분 정장을 갖추어 입기 때문에 이에 따르는 것이 좋다.
- 비공식적인 방문 또는 소규모 바이어 방문 시에는 보통 자유로운 복장으로 일하기 때문에, 반드시 넥타이를 포함한 양복을 입고 만날 필요는 없다.
- 첫 미팅에서는 신뢰감을 주기 위해 양복을 입는 것이 좋다.

✅ 선물 매너

- 부담되는 선물보다 기업로고가 새겨진 작은 기념품 또는 한국 전통 무늬가 새겨진 기념품 등을 건네는 것이 좋다.
- 터키는 이슬람 국가이기 때문에 누군가에게 술을 주기 전에 그들이 술을 마시는지 확인할 필요가 있다.
- 두 손으로 선물을 주고받는다.
- 선물은 받았을 때 열지 않는다.
- 술이나 돼지고기의 흔적이 담긴 선물은 하지 않는 것이 좋다.

✅ DO NOT

- 터키 사람들의 동작을 흉내내지 않는다.
- 터키 국가, 문화, 국기를 비난하지 않는다.
- 공화국 건국의 아버지인 무스타파 케말 아타튀르크(케말 파샤)의 이름을 모욕하지 않는다.
- 아르메니아, 쿠르드 분리주의, 키프로스 문제와 같은 논쟁이 되는 주제는 꺼내지 않는다.

터키(Turkey) – 블루 모스크

아랍에미리트

UAE

대륙	인구	수도	통화
아시아 (Asia)	약 9,542,000명 (2018 기준)	아부다비 (Abu Dhabi)	아랍에미리트 디르함 (United Arab Emirates Dirham, AED)

✅ 주요 공휴일

• 신년(1.1), 라마단 시작일(5.16), Arafat Day(매년 다름), AI Hijri(이슬람의 새해, 매년 다름) 등

✅ 종교 및 신앙

• 이슬람교(수니파 80%, 시아파 20%)

✅ 문화 특성

• 수니파 이슬람 교도들이 대부분이며 모든 사회적, 정치적 문제는 이슬람법에 의해 주도된다.

- 다른 종교에 대해 관대하며 외국인들에게 종교적 자유를 보장한다.
- 이슬람 교도들이 다른 신앙의 사람들에게 예언할 수는 있지만, 다른 종교를 가진 사람들이 무슬림에게 예언하는 것은 금지되어 있다.
- 이슬람 교도들은 이슬람교에서 벗어나는 것이 허용되지 않으며, 무슬림들이 다른 종교로 개종하도록 적극적으로 노력하고 격려하는 사람들에게는 반향이 있다.
- 양성 평등을 지지하고, 남녀 모두에게 동등한 권리를 보장한다.
- 이슬람 국가로서 공중도덕이 매우 엄격하다.
- 이슬람의 대표적인 종교행사 중 하나인 라마단 기간에는 일출에서 일몰 사이 공공장소에서 물을 마시거나 음식 먹는 행위를 절대 삼가야 한다.

✅ 비즈니스 특성

- 서로를 소개할 때에는 지위가 높거나 나이가 많은 사람이 먼저 소개하며 악수를 하는 것이 보통이다.
- 최소한 2주 전에 약속을 하고 회의가 열리기 하루나 이틀 전에 확정해야 한다.
- 카페나 식당에서 회의가 열리는 것은 흔한 일이다.
- 시간엄수는 중요하며 존경스럽게 여겨진다.
- 사업을 시작하기 전에 비공식적으로 '잡담'하는 것은 흔한 일이며 관계를 형성하는 데 필수적이다.
- 관계 구축과 개인적인 접촉은 성공적인 사업을 위해 가장 중요하다.
- 고압전술은 용인되지 않으며 절차에 부정적인 영향을 미칠 가능성

이 있으므로 사용하지 않는 것이 좋다.

- 아랍인 비즈니스 파트너의 사무실에서 만날 경우 커피와 다과를 대접하는데, 이는 손님을 접대하는 아랍문화(Arabian Hospitality)를 나타내기에 거절하지 않는 것이 좋다.
- 커피는 두 잔 정도가 기본이며, 더 이상 원하지 않을 경우 빈 잔을 흔들어 이를 표시하도록 한다.
- 서로 이야기를 나눌 때 다리를 꼬고 앉아 발바닥을 보이는 자세는 문화적으로 매우 무례한 의미이므로 유의하도록 한다.
- 미팅 도중 흐름이 끊기는 것은 흔한 일이다. 전화를 받거나 이메일과 문자를 확인하기도 하고, 중간에 다른 사람이 들어와 인사를 하고 미팅과 관련 없는 이야기를 하는 것은 문화적으로 용인된다.
- 아랍인은 느긋한 시간관념을 가지고 있다.

✅ 인사 매너

- 악수를 하는 편이고 오른손만 사용한다.
- 서로 다른 성별의 사람끼리는 악수를 안 하는 경우도 있다.
- 연장자에게 먼저 인사하는 것은 예의이다.

✅ 식사 매너

- 식사는 매우 중요한 자리가 될 수 있다.
- 15분 늦게 도착하는 것은 예의 바른 것으로 여겨진다.
- 오른손으로 먹고, 왼손은 더러운 것으로 간주한다.
- 식기를 가지고 식사할 경우, 접시 중간에 커튼을 올려놓고 식사를 마

친다.

- 식사 중에도 정말 배가 부른 상태가 아니라면 거절하지 않고 먹어야 자신이 존중받고 있다고 생각하니 주의해야 한다.
- 전통식 식사를 한 경우 식사 후 손을 씻고 커피를 마시는데, 대개는 커피 잔을 내려놓자마자 집에 돌아가는 것이 보통이다.
- 외부에서 식사할 때에는 술이나 돼지고기를 피한 메뉴와 장소 선정에 유의하도록 한다.

☑ 복장 매너

- 자국민은 일반적으로 일상생활은 물론 회사업무, 외부행사 시에도 전통의상을 착용한다.
- 몸이 드러나는 옷을 입는 것은 공식석상에서 예의가 아니다.
- 외국인의 경우 남자는 비즈니스 캐주얼이나 정장, 여자는 팔다리를 가리고 몸매가 드러나지 않는 복장을 착용하도록 한다.

☑ 선물 매너

- 모든 선물은 질이 좋아야 한다.
- 정성스러운 수작업이 들어간 선물을 좋아한다.
- 술, 돼지고기제품, 칼, 개와 관련된 물품을 주지 않는다.

☑ DO NOT

- 알코올, 돼지고기를 권하는 것은 절대 삼가야 한다.
- 왼손은 깨끗하지 않다고 여기므로 다른 사람을 대할 때나 음식을 만

지는 경우 왼손을 사용하지 않는다.

- 왕궁, 국가 공공기관, 군사시설, 외국대사관 및 국가 주요 시설물 등에 대한 사진촬영을 엄격하게 금지하고 있다.
- 아랍 여성과의 신체 접촉은 최대한 피하며, 이들을 오래 쳐다보는 것은 좋지 않다.

영국
UK

대륙	인구	수도	통화
유럽 (Europe)	약 66,574,000명 (2018 기준)	런던 (London)	파운드 (Pound)

✅ 주요 공휴일

- 신년(1.1), 노동절(5월 첫째 주 월), 스프링뱅크홀리데이(5월 마지막 주 월), 박싱데이(12.28) 등

✅ 종교 및 신앙

- 기독교 59.5%(영국성공회, 로마 가톨릭, 장로교, 감리교 포함), 무슬림 4.4%, 힌두교 1.3%, 기타 1.9%, 불특정교 7.2%, 무신론자 25.7%

✅ 문화 특성

- 종교활동이 활발하지 않다.

- 영국의 문학, 음악, 영화, 미술, 연극, 매체, 텔레비전, 철학, 건축은 전 세계에 영향력이 있고 존경받는다.
- 국민성은 기독교사상에 근거한 근면하고 정직한 것으로 정평이 나 있고 기존의 것에 안주하는 경향을 보인다. 또한 규칙적인 성향이 강하다.
- 또한 매주 수요일에 세탁하는 습관이 있는데 비가 오는 경우에도 세탁된 옷 등을 실내에서 말리는 경우가 있다.
- 상징적인 것에 대한 변화를 싫어하는 편이다.

✅ 비즈니스 특성

- 영국인이 이해할 수 있는 올바른 영어로 작성된 자료를 준비해야 한다.
- 영어표현의 부적절한 사용으로 인해 부정적인 상담 결과를 초래하는 예가 많다. 따라서 현지사정에 밝고 영어가 유창한 통역원을 이용하는 것을 권장한다.
- 지속적이고 장기간 쌓아온 관계를 선호한다. 따라서 일회성 계약을 위한 상술보다는 장기적 관계 형성을 위한 것에 초점을 맞추는 것이 중요하다.
- 협상은 오래 걸릴 수 있기 때문에 인내심을 가지고 기다려야 한다.
- 영국인들은 특별한 형식 없이 자유분방하게 회의를 진행하는데 이는 영국이 가지고 있는 민주주의 전통에 입각한 것이다.
- 비즈니스 협상 시에는 개인적인 친분이나 개인적 감정 등을 개입시키지 않는 것이 바람직하다.

- 직설적 표현은 자제해야 하며 지나친 의사 표출이나 강제적 답변 요구는 관계 자체를 손상시키는 결과를 초래한다.
- 영국인들과의 대화 시 특히 상대방의 얘기를 끝까지 잘 듣고 그 이야기에 맞는 쉬운 단어를 이용하더라도 적합한 영어표현을 함으로써 본인의 의견을 정확하게 전달하는 것이 중요하다.
- 불필요한 접대문화도 지양해야 한다.

✅ 인사 매너
- 인사는 일반적으로 사회적 환경에서 비공식적이다.
- 이름은 사회적 소개에서 흔히 사용된다.
- 악수는 일반적인 인사법으로, 너무 강하지는 않지만 단호해야 한다.
- 영국인들은 누군가를 만났을 때 너무 많은 질문을 하지 않는다.
- 영국인들은 제3자를 통해서 소개받는 것을 좋아한다.
- 사생활이나 인적 사항에 대한 개인적인 질문은 피하는 게 바람직하다.

✅ 식사 매너
- 술을 마실 때는 선 채로 이야기하면서 마시는 것이 보통이며 푸짐한 안주보다는 가볍게 땅콩이나 감자칩(Potato Chips 혹은 Crisps) 먹는 것을 선호한다.
- 상대방을 초대할 시에는 비슷한 환경과 비슷한 직급의 사람들을 초대하며 초대받은 사람이 언급하지 않는 한 사업과 관계된 이야기는 하지 않는다.

☑️ 복장 매너

- 검정, 진한 감색, 진한 회색과 같은 어두운 색상의 옷을 주로 입으며, 전통적인 세로의 가는 줄무늬도 자주 착용한다.
- 고급 호텔이나 음식점에서 식사할 경우에도 재킷과 넥타이, 그리고 구두(운동화 금지)를 착용해야 하는 경우가 있으므로 예약한 후 dress code에 대해 기본적으로 문의하는 것이 좋다.

☑️ 선물 매너

- 선물은 일반적으로 특별한 날에만 주어진다.
- 받는 사람들은 보통 높은 금전적 가치의 선물을 기대하지 않고 오히려 그 선물이 그들의 관심사를 반영할 것이라고 기대한다.

☑️ DO NOT

- 누군가의 월급, 재산, 몸무게 또는 나이에 대해 직접적인 질문을 하는 것은 종종 무례하다고 여겨진다.
- 자신이 다른 사람들보다 우월하다고 생각하는 인상을 주는 자랑이나 과시를 하지 않는다.
- 사람들 앞에서 지나치게 비판하지 않는다.
- 대화를 시작할 때 개인적인 문제에 대해 묻지 않는다.
- 영국인들은 놀리는 것을 좋아하므로, 그들의 농담을 너무 심각하게 받아들이거나 문자 그대로 받아들이지 않는다.

우크라이나

Ukraine

대륙	인구	수도	통화
유럽 (Europe)	약 4,2430,000명 (2017 기준)	키예프 (Kyiv)	흐리브나 (Hryvnia, Hr)

☑ 주요 공휴일

• 양력설(1.1), 정교회 크리스마스(1.7), 노동절(3.1~2), 정교회 부활절 (4.8~9), Victory Day(5.9), 제헌절(6.28), 독립기념일(8.24), Defender of Ukraine Day(10.14~15), 크리스마스(12.25) 등

☑ 종교 및 신앙

• 우크라이나 정교회(키예프 총대주교청) 39.8%, 우크라이나 정교회 (모스크바 총대주교청) 29.4%, 우크라이나 그리스 가톨릭교회 14.1%, 우크라이나 독립정교회 2.8%, 기타 가톨릭, 개신교, 유대교, 이슬람 교 등이 4.9%, 무종교 9%

✅ 문화 특성

- 인구의 약 75%는 우크라이나인이다. 가장 큰 소수집단은 약 20%의 러시아인들이며 그 외 헝가리인, 불가리아인 등의 소수민족으로 구성되어 있다.
- 우크라이나인들은 매우 관대하고 친절하다.
- 모든 사회적 행사에는 음식이 포함된다. 방문객들은 항상 음료뿐만 아니라 먹을 것도 제공받는다. 다른 사람 앞에서 음식을 먹고 그들에게 무언가를 주지 않는 것은 무례함의 극치로 여겨진다.
- 러시아정교의 영향과 더불어 오랫동안의 격동하는 경제시대, 불안정한 정부, 그리고 불리한 기후조건으로 인해 삶에 대한 운명론적 접근이 가능하다.

✅ 비즈니스 특성

- 우크라이나 사업가들은 일반적으로 다른 국가들보다 덜 공식적이다. 도착 및 출발 시 모든 사람과 악수한다. 악수는 꽤 딱딱하다.
- 학술적이고 전문적인 직함은 보통 성과 함께 사용한다. 만약 누군가가 학술적 또는 직업적인 직함이 없다면, 남자에게는 '팬', 성이 있는 여자에게는 '페니'를 사용하라.
- 업무 동료들은 대부분 이름과 성을 부른다.
- 명함은 의식 없이 교환된다. 명함에는 고급 대학학위를 포함하고 명함의 한쪽 면을 우크라이나어로 번역한다.
- 우크라이나에서는 직접적인 의사소통이 중요하지만, 민감한 방식으로 정보를 전달하는 것도 중요하다. 종종, 그 관계의 정도가 얼마나

직접적인 사람인지를 결정할 것이다. 새로운 관계일수록 사람들은 더 신중해질 것이다. 일단 관계가 발전하면, 솔직하게 말하는 것이 더 편해질 것이다.

- 우크라이나의 회의 일정은 그다지 엄격하지 않다. 관계가 매우 중요하기 때문에, 회의에서 비즈니스가 아닌 논의에 전념할 시간이 있을 수도 있다. 그때 잡담을 나누고 상대방이 화제를 사업으로 바꾸기를 기다려라.

✅ 인사 매너

- 전형적인 인사는 따뜻하고 단호한 악수이며, 직접적인 눈의 접촉을 유지하고 당신의 이름을 반복한다.
- 여자친구를 만나면 왼쪽부터 뺨에 키스한 뒤 서로 번갈아가며 키스를 하고, 가까운 남자친구는 등을 두드리며 포옹한다.

✅ 식사 매너

- 식사예절은 일반적으로 캐주얼하다. 행사가 더 공식적일수록 규칙이 더 엄격해진다.
- 식사 중에 포크는 왼손으로, 나이프는 오른손으로 잡는다.
- 주인이 식사를 시작하라고 할 때까지 먹지 마라.
- 식사할 때는 항상 손을 보이게 해야 한다. 손목을 탁자 모서리에 두어라.
- 가장 연장자이거나 가장 명예로운 손님이 먼저 서비스를 받는다.
- 우크라이나인들은 술을 마시지 않는 사람들을 의심한다. 그렇지만

술을 마시면서 우크라이나 사람들과 보조를 맞추지 못하는 것보다는 의학적 질환을 핑계로 거절하는 게 더 낫다.

- 빈 병은 탁자 위에 두지 않는다.

✅ 복장 매너

- 실용적인 성향이 있어 복장은 매우 자유로운 편이다. 비즈니스 상담이라 해도 캐주얼 차림으로 나타나는 경우도 있어 성의 없다고 오해할 수도 있는데 대부분의 경우 그것이 일반적인 옷차림인 경우가 많다.
- 그러나 외국인의 경우 옷차림을 보고 그 사람을 평가하는 경향이 강하므로 상담할 시에는 되도록 고급스럽고 품위 있는 정장을 입는 게 좋다. 특히 일부 우크라이나 사람들은 유색인종에 대한 멸시감을 갖고 있는 경우도 있고, 옷차림이 허술한 아시아계 외국인들을 무시하는 경향이 있으므로 고급스러운 정장을 입는 게 중요하다.

✅ 선물 매너

- 우크라이나인들은 생일이나 크리스마스 때 가족이나 친한 친구들과 선물을 교환한다.
- 일부 사람들은 '이름의 날'을 생일보다 축하한다.
- 선물이 비쌀 필요는 없다. 우정을 상징하기 때문에 중요한 선물을 주는 것이다.
- 우크라이나 사람의 집에 식사 초대를 받아 가게 되면 케이크, 꽃, 또는 수입 술 등을 가져가는 것이 예의이다.
- 꽃은 홀수로만 주고 노란색 꽃은 피한다.

• 선물을 받았을 때 일반적으로 개봉하지 않는다.

✅ **DO NOT**

• 체르노빌 원전사고에 대해 절대 농담조로 언급하지 않는 것이 좋다.

• 외국인이 약속을 못 지키는 것에 대해서는 쉽게 수긍하지 않는 경향
  이 있으므로 상대방이 늦었다고 같이 늦는 것은 바람직하지 않다.

우크라이나(Ukraine) – 성 소피아 대성당

미국
USA

대륙	인구	수도	통화
아메리카 (America)	약 326,459,687명 (2017 기준)	워싱턴 D.C.(Washington, District of Columbia)	미 달러 (Dallar, $)

✅ 주요 공휴일

- 신년(1.1), 마틴루터킹의 날(1월 세 번째 월요일), 대통령의 날(2월 세 번째 월요일), 현충일(5월 마지막 월요일), 독립기념일(7.4), 노동절(9월 첫 번째 월요일), 콜럼버스 데이(10월 두 번째 월요일), 추수감사절(11월 네 번째 목요일), 크리스마스(12.25) 등

✅ 종교 및 신앙

- 기독교/가톨릭 70.6%, 유대교 1.9%, 불교 0.7%, 이슬람 0.9%, 힌두교 0.7%, 토착신앙 0.3%, 기타 1.5%, 무교 22.8%

☑️ 문화 특성

- 미국인의 대부분은 기독교인이다.

- 가족 단위는 핵가족으로 간주되며, 일반적으로 작다.

- 미국인들은 다른 사람들과 긴밀한 접촉을 좋아하지 않는 경향이 있으며 대화 중에 2~3피트 정도의 개인공간이 일반적이다. 공공장소에서 사람들은 서로에게 공간을 주려고 한다.

- 미국인들은 다른 문화권보다 사적인 문제에 대한 대화에 훨씬 더 개방적이고 직접적인 질문을 피하지 않는다.

- 예술은 미국에서 매우 인기 있으며 전국적으로 미술관이 있다. 잭슨 폴록과 앤디 워홀은 미국에서 인정받는 예술가이다.

- 스포츠는 미국에서 매우 인기 있으며 그중에서도 미식축구, 야구, 농구, 아이스하키가 가장 인기 있다.

☑️ 비즈니스 특성

- 지갑에 명함을 넣는 것은 매우 흔한 일이며, 지갑은 바지 뒤쪽 주머니에 들어갈 수도 있다. 이건 모욕이 아니다.

- 미국인들에게는 시간이 매우 중요하기 때문에 회의시간에 맞춰 도착한다.

- 발표할 때에는 요점적이고 직접적이어야 한다. 시각적인 도움이 사례를 더욱 강화시킬 것이다.

- 관계를 쌓는 것보다 계약서에 서명하는 것이 중요하다.

- 미국의 관리자들은 단순히 의사 결정자들이 아니라 직원들이 최선을 다하도록 돕는 사람들로 여겨진다.

- 분쟁을 직접적이고 사적으로 해결한다. 그들의 성격에 대해 비판하는 것처럼 보이는 것을 피하기 위해 특정한 맥락에서 이야기한다.

✅ 인사 매너

- 미국인들의 인사는 일반적으로 꽤 비공식적이고 격식이 없다. 손을 먼저 내미는 것은 자신감을 반영한다.
- 사업적인 상황에서는 확실한 악수를 하고 눈을 마주치지 않는다.
- 미국인들은 "안녕"이라고 말하기보다는 "나중에 전화하자", "점심에 다시 만나자"와 같은 용어들을 사용해 다음을 기약하는 인사를 하는 게 좋다.
- 가까운 친구를 맞이하거나 서로의 볼에 키스하기 위해 포옹할 수 있다.
- 미국인들은 종종 자신들의 직업으로 자신을 설명한다.

✅ 식사 매너

- 개인적인 초대를 받은 경우에는 와인 등의 선물을 들고 가면 되며, 나중에 초대해 준 상대방에게 감사의 서신을 보내도록 한다.
- 테이블에 팔꿈치를 올려놓지 마라.
- 식탁에 놓여 있는 다른 사람의 물을 마시지 않고, 빵을 먹지 않도록 주의해야 한다. 물잔은 항상 오른편에 있는 것이 내 것이고, 빵 접시(빵을 놓는 접시)는 항상 왼편에 있는 것이 자신의 것이므로 이를 혼동해 옆사람 것을 자신의 것으로 착각하고 손대는 일이 없도록 주의해야 한다.

- 포크는 왼손에서 아래쪽을 향하도록 잡고, 나이프는 오른손에 쥔다.
- 손으로 먹는 음식이 많다.
- 미국에는 한국인들에게는 생소한 팁문화가 발달했는데, 웨이터에게 팁을 너무 적게 줄 경우 초대받은 상대방이 무안해 할 수 있으므로 주의가 요망된다. 일반적으로 고급 레스토랑의 경우 점심은 18~20%, 저녁은 20~25%의 팁을 준다.

☑ 복장 매너

- 복장 규정이 명확해질 때까지 항상 수수하게 옷을 입는 것이 최선이다.
- 남자는 셔츠와 신발을 갖춘 정장을 입어야 한다. 넥타이는 일반적으로 착용하지만 모든 주에서 착용하는 것은 아니다. 색상은 검은색, 파란색, 회색 등의 전통적인 색상이어야 한다.
- 여성은 지나치게 짙은 화장이나 장신구를 착용하지 말고 점잖게 착용해야 한다. 헐렁한 블라우스, 짧은 치마, 꽉 끼는 옷은 적절하지 않다.
- '캐주얼 금요일'은 많은 회사에서 흔하다. 첨단기술회사들은 매일 캐주얼 옷을 입는 경우도 있다.

☑ 선물 매너

- 선물을 주는 것은 사려 깊은 행동이지만, 기대하지는 않는다.
- 선물은 특별한 경우에만 주어지고 거의 카드를 동반한다.
- 사람들은 선물을 받으면 선물 준 사람 앞에서 열어보는 경향이 있다.

- 미국인들은 실제로 선물에 관한 관습이나 금기사항을 가지고 있지 않다.
- 현금은 절대 선물로 주면 안 된다. 집에 놀러 가면 꽃, 화분, 과일 바구니, 초콜릿, 와인, 책, 꽃병 등 작은 장식품을 가져가라.

✅ DO NOT

- 침을 뱉지 마라.
- 인종, 종교, 정치, 성별을 논하지 마라.
- 낙태의 정당성에 대해 논하지 마라.
- 담배를 피울 수 있다고 추측하지 마라.
- 많은 미국인들은 스스로를 애국자라 생각할 것이고 그들의 나라를 조롱하는 것은 그들을 불쾌하게 할 것이다.
- 개인적인 친분이 쌓이기 전에는 초면부터 나이를 묻지 않는 것이 관례다.
- 특히 여성의 외모와 나이, 결혼 여부 등에 대한 언급은 절대 먼저 하지 말아야 한다.

베네수엘라
Venezuela

🌐 대륙	👥 인구	📍 수도	💲 통화
아메리카 (America)	약 28,930,000명 (2014 기준)	카라카스 (Caracas)	베네수엘라 볼리바르 (Bolivar, Bs)

☑ 주요 공휴일

• 신년(1.1), 카니발(2.12~13), 부활절(3.29~4.1), 독립선언일(4.19), 노동절(5.1), Carabobo전쟁일(6.24), 독립기념일(7.5), 볼리바르 탄생기념일(7.24), 콜럼버스데이(10.12), 크리스마스(12.24~25), 연말축제일(12.31)

☑ 종교 및 신앙

• 가톨릭(전 인구의 96%), 개신교 3%, 기타 2%

☑ 문화 특성

• 베네수엘라인들은 그들의 나라와 유산을 자랑하는 것을 선호한다.

- 독립을 기념하는 공휴일은 4개가 있으며, 독립기념일에는 공공건물뿐만 아니라 개인주택에서도 국기가 펄럭거리고 거리행진이 벌어진다.
- 마을에서는 대가족이 종종 같은 블록에서 서로 가까이 사는 것이 일반적이다.
- 개인은 대가족으로부터 사회적 네트워크와 도움을 얻는다.
- 베네수엘라 사람들은 외국인들이 그들의 국가, 문화, 예술, 여행, 스포츠와 음식에 대해 긍정적으로 얘기하는 것을 좋아하며, 주요 스포츠 종목으로는 야구와 축구가 있다.

✅ 비즈니스 특성

- 베네수엘라는 네트워킹이 중요한 나라이다. 인맥이 직원기반을 넓혀주기 때문이다.
- 다른 라틴문화권과 마찬가지로 베네수엘라인들도 위험을 싫어하기 때문에 같이 일하는 사람들을 알고 신뢰하는 것이 중요하다.
- 베네수엘라인들은 너무 비인간적으로 여겨지는 전화나 서면으로 사업을 하는 것보다는 직접 만나는 것을 선호한다.
- 관계를 발전시키는 데는 시간이 걸린다.
- 베네수엘라인은 격식을 갖춘 서신을 좋아하므로 비즈니스 조정이나 가격 조정 시에도 격식 있는 문구를 사용하는 것이 좋다.
- 권위 있는 자리에 있는 사람들에게는 적절한 경의와 존경을 표하는 것이 중요하다.
- 업무상 약속은 전화, 이메일 또는 팩스로 약 2주 전에 예약하는 것이 가장 좋다.

- 베네수엘라인들은 주말에 일찍 떠나기 때문에 금요일 오후에 회의 일정 잡는 것을 피한다.
- 첫 만남은 형식적이다. 모든 서면자료를 영어와 스페인어로 제공한다.
- 회의에서 결정은 내려지지 않는다. 회의는 토론과 의견 교환을 위한 것이다. 회의가 끝난 후 최고 책임자에게 감사의 편지를 보낸다.
- 대화 중 시선 돌리는 것은 주목하지 않는 것으로 여겨지기도 하며, 회의 중 전화를 받지 말아야 한다. 벨소리도 비우호적으로 보일 수 있기 때문에 진동상태를 유지하는 편이 좋다.
- 베네수엘라 사람들은 근거리에서 대화를 나누는 편이며, 어깨나 팔꿈치를 터치하는 것이 친분의 표시로 여겨질 수도 있으나, 많은 기업가들은 이런 행동을 싫어하기도 한다.

✅ 인사 매너

- 직접적인 눈 마주침과 환영의 미소를 가진 단호한 악수가 표준적인 인사이다.
- 많은 신뢰와 친분이 있다면 포옹하기도 하지만 서로의 친분이 많지 않은 이상 여성의 뺨에 키스하지 말아야 한다. 성급한 방식의 인사는 비우호적 행위로 간주되므로 삼간다.
- 모임에서는 항상 선배를 먼저 소개한다.
- 떠날 때는 각자에게 작별인사를 한다.
- 공식적인 문화이기 때문에 이름을 부른다. 초대받을 때까지 직함이나 직업, 성으로 호칭하는 것이 공식적인 문화이다.

✅ 식사 매너

- 베네수엘라에서 집에 식사 초대를 받은 경우에는 15분에서 30분 후에 도착하라. 제때에 혹은 일찍 도착하는 것은 탐욕으로 해석된다.
- 커피는 베네수엘라인의 환대를 상징하므로 거절하지 않는다.
- 주인이나 여주인이 앉을 자리를 알려줄 때까지 기다려라. 좌석배치도가 있을 수도 있다.
- 식사하는 동안에 포크는 왼손에, 나이프는 오른손에 쥔다.
- 다른 손님들이 자리에 앉을 때까지 식사를 시작하지 않는다.
- 식사할 때는 항상 손이 보이게 하되, 팔꿈치를 식탁 위에 올려놓지 않도록 한다.
- 음식은 항상 조리기구를 이용해서 먹는다. 심지어 과일도 나이프와 포크로 먹는다.
- 식기류를 사용하지 않을 때는 손잡이를 테이블 위에 둔 상태에서 접시 가장자리의 팁을 그대로 둔다.
- 식사를 마친 후에는 식사량을 조금만 남겨두는 것이 예의 바른 행동이라 여겨진다.
- 식사를 마친 후에는 갈래가 아래를 향하게 하고 손잡이가 오른쪽을 향하도록 나이프와 포크를 접시에 대각선으로 놓는다.

✅ 복장 매너

- 적절한 비즈니스 복장이 기대된다.
- 남성들은 양질의, 보수적이고 어두운 색상의 정장을 입어야 한다.
- 여성은 멋진 정장이나 드레스를 입어야 한다. 화장, 보석, 매니큐어

등을 포함 우아한 복장을 해야 한다.

✅ 선물 매너

- 저녁 파티에 초대받은 경우 행사에 앞서 꽃, 특히 난초를 보낸다.
- 손수건은 불행한 것으로 간주되므로 주어서는 안 된다.
- 선물은 일반적으로 받았을 때 개봉한다.

✅ DO NOT

- 베네수엘라 사람들은 자존심이 대단히 강하기 때문에 베네수엘라를 무시하는 발언은 삼가는 것이 좋다. 특히 이웃 국가인 콜롬비아 사람들이 베네수엘라에 들어와 하류생활을 하는 경우가 많아 콜롬비아 사람들을 무시하는 경향이 강하기 때문에 베네수엘라와 콜롬비아를 비교하는 것을 삼가야 한다.
- 인디오라는 단어는 노예라는 뜻이 강하므로 현지에서는 절대 사용하면 안 된다.
- 정부의 정치, 군부 등에 대한 얘기는 가급적 피하는 게 좋다.
- 최근 여성들도 기업과 정부에서 중요한 역할을 하는 경우가 많아졌다. 농담일지라도 절대 여성을 차별하거나 폄하해서는 안 되며, '레이디 퍼스트' 문화를 항시 인지하도록 한다.

베네수엘라(Venezuela) – 아우얀테푸이

베트남
Vietnam

🌐 대륙	👥 인구	📍 수도	💲 통화
아시아 (Asia)	약 9,270,000명 (2016 기준)	하노이 (Hanoi)	베트남 동(Vietnamese Dong, VND)

✅ 주요 공휴일

• 신정(1.1), 구정(2.14~20), Hung Vuong왕 추모기념일(3.27), 베트남 해방기념일(4.30), 노동절(5.1), 건승기념일(9.3)

✅ 종교 및 신앙

• 불교 43.5%, 가톨릭 36.6%, 기독교 4.7%, 까오다이교(유교, 불교, 도교의 혼합종교) 등

✅ 문화 특성

• 베트남에서 생활은 가족을 중심으로 돌아간다. 가족은 핵가족으로 구성된다.

- 3대가 한집에서 함께 사는 것이 일반적이며 유교 전통의 영향으로 아버지는 가족의 수장이고 중요한 결정을 내린다.
- 일반적으로 베트남인은 집단주의자다. 개인이 가족, 학교, 회사 등 집단의 부차적인 존재로 간주된다.
- 집단중심 사회와 마찬가지로 계층구조도 존재한다. 나이와 지위에 기반을 두고 있다.

✅ 비즈니스 특성

- 베트남 사람들은 시간약속을 잘 지키지 않는 경우가 많다. 하지만 기업인, 정부 고위공무원의 경우 상대적으로 약속시간을 잘 지키는 편이다.
- 구두약속의 경우 상당한 주의를 요한다. 베트남인들은 직설적으로 말하는 것을 예의에 어긋난다고 생각하는 경향이 있다. 구두상으로 이루어진 'Yes'를 100% 신뢰해서는 안 되며, 중요한 사항의 경우 반드시 서명이 담긴 문서로 남기는 것이 바람직하다.
- 명함은 초기 회의 때 교환하고 양손으로 제시해야 한다. 명함을 받을 경우 바르게 받아 존중의 의미를 더하고 그냥 훑어보지 않는다.
- 관계는 성공적인 비즈니스 파트너십에 매우 중요하다. 좋은 관계를 구축하는 데 시간을 투자하라.

✅ 인사 매너

- 베트남의 인사말은 '신짜오'로 만날 때나 헤어질 때 아침/점심/저녁을 구분하지 않고 항상 사용할 수 있다.
- 사회적 지위나 연령이 높은 사람에게 '엠'이라 부르는 것은 대단한 결례가 되니 주의해야 한다.

- 베트남인들은 악수하는 것에 익숙하다. 악수하면서 머리를 숙이는 것은 존경심을 나타낸다.
- 베트남 여성이 남성과 악수하는 경우는 흔하지 않으므로 인사할 때 여성이 먼저 손 내밀기를 기다린다.
- 보통 친척이나 친한 친구를 맞이하기 위해 포옹을 한다.

✅ 식사 매너

- 나이가 가장 많은 사람이 먼저 앉아야 한다.
- 두 손으로 접시를 주어야 한다.
- 가장 일반적인 도구는 젓가락과 평평한 숟가락이다.
- 사람들은 얼굴 가까이에 사발을 든다.
- 국물을 먹는 동안 왼손에 숟가락을 쥐어라.
- 식사는 일반적으로 가족 스타일로 제공된다.
- 음식을 남기지 말고 다 먹도록 노력해야 한다.
- 식사를 마치면 밥 그릇 위에 젓가락을 올려놓는다.
- 이쑤시개를 사용할 때는 입을 가려야 한다.

✅ 복장 매너

- 베트남에서는 비즈니스상의 경우 양복이 보편화되어 있다.
- 호찌민 등 무더운 남부지역에서는 일상적인 업무 시 넥타이와 재킷을 입지 않는 경우가 많다.
- 공식적인 행사에서는 되도록 넥타이와 재킷을 입는 것이 예의에 어긋나지 않는다고 할 수 있다.

✅ 선물 매너

- 손수건, 검은색의 물건, 노란 꽃이나 국화를 주지 마라.
- 선물은 다채로운 종이에 포장되어야 한다.
- 베트남인들은 일반적으로 과시형 소비성향을 보인다. 소득에 비해 고가의 명품 핸드백, 스마트폰 등을 가지고 다니는 경우가 상당히 많다.
- 선물은 가급적 비싸고 고급스러운 것을 주는 게 좋다.
- 베트남에는 여행을 가거나 출장을 다녀올 경우 지인들에게 작은 선물이라도 하는 문화가 있다.

✅ DO NOT

- 손가락으로 가리키지 말고 손을 사용한다.
- 손을 엉덩이에 대고 서 있지 마라.
- 가슴에 팔짱을 끼지 마라.
- 남의 머리 위로 아무것도 넘기지 마라.
- 다른 사람의 어깨를 만지지 마라.
- 해변에서만 반바지를 입어야 한다.
- 이성과 접촉하지 않는다.
- 베트남전쟁을 언급하면 안 된다.
- 베트남인들은 강대국과의 전쟁에서 승리한 저항의 역사에 자긍심을 가지고 있다. 베트남인들의 자존심이나 감정을 크게 상하게 하는 일이 생기면, 아무리 오랜 시간이 지나도 관계가 다시 회복되기는 어려울 뿐만 아니라 크고 작은 복수를 당할 수도 있다.

스위스
Switzerland

대륙	인구	수도	통화
유럽 (Europe)	약 8,419,000명 (2016 기준)	베른 (Bern)	스위스 프랑 (Swiss Franc, SFr, CHF)

✅ 주요 공휴일

- 신년(1.1~2), 부활절 연휴(3.31~4.2), 노동절(5.1), 예수 승천일(5.10), 강림절(월요일, 매년 다름), 스위스연방설립기념일(8.1), 크리스마스 (12.25~26)

✅ 종교 및 신앙

- 가톨릭 37.7%, 개신교 25.5%, 무교 23.1%, 이슬람교 5.1% 등

✅ 문화 특성

- 스위스는 다양성에 기초한 다국어의 다문화 국가이다.

- 가족은 스위스 사회구조의 중심이고 가치는 가족의 사생활에 있다.
- 가족들은 함께 활발한 활동에 참여하는 것을 우선시하며, 아름다운 환경을 최대한 활용하고 많은 시간을 밖에서 함께 보낸다.
- 대부분의 사람들이 '스마트 캐주얼'이라 부르는 스타일로 옷을 입는다.

☑ 비즈니스 특성

- 스위스의 비즈니스 에티켓은 전형적으로 상당히 보수적이다. 따라서 거래할 때는 형식을 유지하도록 노력해야 한다.
- 의사소통을 할 때 상당히 직설적이다.
- 약속시간 지키는 것이 비즈니스의 핵심이다. 약속은 적어도 3주 전에 서면으로 정해야 하며 약속 4~5일 전에 전화로 확인하는 것이 바람직하다.

☑ 인사 매너

- 낯선 사람들 사이에서는 직접 눈을 마주치고 미소 짓는 일반적인 악수를 한다.
- 첫인사를 교환하면서 명함을 건네는 것이 일반화돼 있다.
- 스위스의 공용어는 총 4개로 지역마다 차이가 있으므로 인사할 때 고려해야 한다.
- 관계가 발전하면 양 볼에 에어키스를 한다. 지역에 따라 키스를 두 번 또는 세 번 할 수 있으나 확실하지 않다면 키스를 세 번 하는 것이 좋다.
- 십대 소녀들이나 어린이들에게 말을 걸지 않는 한 '프로일라인', '마

드무아젤', '시뇨리나'를 사용하지 마라.

✅ 식사 매너

- 스위스의 집에 식사 초대를 받았다면 시간엄수가 중요하므로 제시간에 도착하거나 조금 전에 도착하도록 한다.
- 식사 초대를 받으면 와인이나 초콜릿 같은 선물을 가져가야 한다.
- 특정 좌석에 안내될 수 있으니 앉기를 권유할 때까지 서 있는다.
- 음식이 나올 때까지 기다리거나 음식을 먹기 전에 주인이 시작할 때까지 기다린다.
- 식사하는 동안 포크는 왼손에, 나이프는 오른손에 쥔다. 다른 사람들과 잔을 맞추고 눈을 마주쳐라.
- 테이블에 팔꿈치를 올려놓지 마라.
- 스위스에서는 음식물 쓰레기가 눈살을 찌푸리게 하기 때문에 접시에 있는 것은 다 먹는 게 좋다.

✅ 복장 매너

- 스위스인의 비즈니스 복장은 지역에 따라 차이는 있으나 전반적으로 검소한 편이다.
- 고위 관리직, 회사 및 금융권 종사자는 고급정장 및 명품을 선호하는 경우가 많다.
- 비즈니스 상담에 임할 때에는 넥타이를 맨 깔끔한 정장차림이 바람직하다.
- 스위스인들은 여름에도 긴팔 셔츠에 정장차림을 하므로 반팔셔츠나

라운드 티를 입는 것은 비즈니스 예의에 어긋난다.

- 긴 회의 때나 하절기에 재킷을 간혹 벗는 경우가 있는데 상대방에게 양해를 구하지 않고 재킷을 벗는 행동 역시 예의에 어긋난다.

✓ 선물 매너

- 다양한 경우를 위해 다양한 종류의 선물을 준비하는 것이 좋다.
- 업무적으로 선물을 주고받는 일은 거의 없다.
- 비싼 선물의 경우에는 과도하거나 뇌물의 형태로 인식될 수 있다.
- 스위스를 방문할 경우 좋은 와인 한 병 또는 지역 공예품과 같은 현지의 선물을 받는다.
- 선물은 반드시 포장해야 하며, 선물을 받았다면 선물 준 사람이 없는 곳에서 포장을 풀어보고 후에 감사의 글이나 전화를 하는 것이 예의이다.
- 스위스 가정에 초대받은 경우 꽃(국화, 백합, 붉은 장미 제외) 또는 초콜릿이 안전하다. 또한 손으로 쓴 감사편지를 보내야 한다.

✓ DO NOT

- 특별한 금기사항은 없으나 법규를 지키지 않는 경우에는 이웃 주민들에 의해 고발될 수 있다. 선진국답게 모든 체제가 법적으로 잘 구비돼 있으나 대부분의 규제들이 자율적으로 운영되기 때문이다.
- 비즈니스 대화에서는 가급적 스위스은행 비밀계좌 스캔들에 관한 것을 피해야 한다. 스위스인들은 자국 은행 시스템을 화제화하는 것에 민감하다.

• 스위스 거주민의 20% 정도는 스위스 국적 소유자가 아니며 스위스 국적이라도 부부 중 어느 한쪽이 외국인일 가능성이 매우 높다. 따라서 인종 관련 발언이나 특정 문화를 비하하는 발언을 하면 안 된다.

스위스(Switzerland) – 마터호른

저자소개

이 준 의

㈜한국팔로워십센터 대표

용인송담대학교 비서경영과 겸임교수

2018 평창동계올림픽 VIP 의전담당 교육

기업체 비서실장 역임

세계 비즈니스 에티켓

2018년 9월 5일 초판 1쇄 인쇄
2018년 9월 10일 초판 1쇄 발행

지은이 이준의
펴낸이 진욱상
펴낸곳 (주)백산출판사   저자와의
교 정 성인숙   합의하에
본문디자인 김윤진   인지첩부
표지디자인 오정은   생략

등 록 2017년 5월 29일 제406-2017-000058호
주 소 경기도 파주시 회동길 370(백산빌딩 3층)
전 화 02-914-1621(代)
팩 스 031-955-9911
이메일 edit@ibaeksan.kr
홈페이지 www.ibaeksan.kr

ISBN 979-11-88892-82-2 93190
값 18,000원